GÜNTER GAUS
ZUR PERSON

GÜNTER GAUS
ZUR PERSON

JUREK BECKER / DANIELA DAHN
WALTER JENS / HERMANN KANT / HELGA
KÖNIGSDORF / CHRISTA WOLF

edition ost

ISBN 3-932180-20-8

Gespräch mit Christa Wolf
aus: Günter Gaus – Porträts 5 – Zur Person

Einbandgestaltung: Rudolf Grüttner
Titelfoto: Rainer Raeder
Satz: edition ost
Druck: Nørhaven A/S, Dänemark

Die Deutsche Bibliothek – CIP-Einheitsaufnahme
Zur Person / Günter Gaus. – Berlin : edition ost
Bd. 1. Gespräche mit Schriftstellern. – 1998
ISBN 3-932180-20-8

INHALT

VORWORT

Günter Gaus muß man nicht vorstellen. Seine Interviews »Zur Person« auch nicht. Die Girlanden, die man ihm dafür – zurecht – gewunden hat, reichen von Adlershof bis Santa Monica. Gelobt wurden Stil und Ausdauer, Souveränität und Intelligenz, Distanz und Nähe zum Gesprächspartner. Alles richtig, alles wahr. Alles ist mithin gesagt, gedruckt und gesendet worden. Da bleibt wenig für ein neuerliches Vorwort, will man nicht Langeweile oder den Eindruck einer gewissen Lästigkeit aufkommen lassen.

Der ORB, der in gewisser Weise das Adlershofer Erbe übernommen hat, sendet das, was Gaus produziert. Dieser präsentiert Personen nach seinem Gusto – Menschen, auf die er neugierig war, auf die er aufmerksam wurde oder aufmerksam gemacht worden ist. So folgt der Pastor auf den Melker, der Politiker dem Maler, die Schriftstellerin dem Widerstandskämpfer, die Bürgerbewegte der Parlamentspräsidentin, der Ostdeutsche auf die Norddeutsche, der Süddeutsche auf den Westdeutschen undsofort. Wie das Leben eben so ist. Vor Jahren gab es einige Publikationen, die folgten seinem Muster. 1993 ging die Reihe zu Ende. Dafür mag es viele Gründe gegeben haben – vielleicht auch jenen, daß die chronologische Dokumentation der Interviews vielen nicht genügte, um als Leser in Treue fest zu bleiben. Kann sein, muß nicht sein.

Die edition ost versucht einen anderen Zugang. Das hängt ursächlich mit den verlegerischen Intentionen zusammen. Der Verlag möchte den ostdeutschen Part in die nunmehr gesamtdeutsche Fortschreibung der Geschichte einbringen. Was andere übersehen, vergessen oder ignorieren, will die edition ost mit Ausdauer dokumentieren. Sie bringt ostdeutschen O-Ton, um nachfolgende Generationen vor dem Zwang zu schützen, die DDR-Geschichte ausschließlich aus den Gauck-Akten rekapitulieren zu müssen. Diese sind so wenig die Wahrheit wie einzelne Memoiren oder Interviews. Aber sie alle liefern einzelne Mosaiksteinchen für ein

Gesamtbild. Und je größer die Zahl der winzigen Elemente ist und je farbiger sie sind, desto facettenreicher und plastischer wird das Gemälde.

Sodann kommt noch ein anderes Moment hinzu. Die ostdeutsche respektive DDR-Geschichte war nie das Resultat ausschließlich ostdeutscher Anstrengungen allein, wiewohl es im östlichen Berlin, als sich dieser Teil als Hauptstadt verstand und Günter Gaus als Vertreter einer anderen Republik zeitweise beherbergte, so gesehen wurde. An der 41 Jahre währenden DDR-Geschichte war die Bonner Republik nicht wenig beteiligt. Auch daran möchte heute mancherorts mancher nicht erinnert werden. Doch es war so. Die Unsitte selektiver Geschichtswahrnehmung, auf die die offizielle DDR bis 1989 so trainiert war, scheint unausrottbar, wie dieser gegenwärtige Vorgang neuerlich bezeugt.

Gaus hat das vermutlich immer so, also anders, gesehen. Und darum nimmt er – wie auch dieser Verlag, der seine Herkunft demonstrativ im Schilde führt – unverändert Ost- wie Westdeutsche ins sympathische Kreuzverhör. Und dokumentiert, wie wir, *deutsche* Geschichte.

Da nun aber Politiker andere Brillen tragen als Schriftsteller, Künstler vieles anders sehen als beispielsweise Ministerpräsidenten, hat sich der Verlag mit Vorsatz entschlossen, die Gaus'sche Chronologie zu durchbrechen und bislang unveröffentliche Gespräche thematisch zu bündeln. Dadurch wird einerseits unmittelbar Vergleich möglich, andererseits erkennbar, welche Sichten in bestimmten Professionen dominieren. Die Wahrnehmung gesellschaftlicher Vorgänge ist, das kann nicht überraschen, oft sehr verschieden. Doch wenn die Unterschiede zwischen den einzelnen Berufsgruppen derart gravierend sind, daß der Eindruck entsteht, sie lebten in verschiedenen Gesellschaften, ist es nicht zum besten um die innerbetriebliche Kommunikation und um den Staat bestellt. Die Menschen in der DDR haben das schon einmal durch. Einiges deutet jedenfalls darauf hin, daß der alte Marx so falsch mit seiner Feststellung im »18. Brumaire des Louis Bonaparte« nicht lag, als er meinte, Geschichte trüge sich stets zweimal zu – einmal als Tragödie und ein andermal als Farce.

Diesem ersten Band, der Schriftsteller von hüben und drüben vereint, wird ein zweiter folgen mit Interviews, die Ministerpräsidenten gaben. Es folgt ein dritter mit Vertretern der darstellenden und bildenden Künste, danach wahrscheinlich wieder aktive Politiker verschiedener Ebenen, zum Schluß kommen Frauen und Männer aus Wissenschaft und Wirtschaft zu Wort. Der mögliche Vorwurf, es gebe eine gewisse Dominanz der Politiker, ist natürlich zunächst an Günter Gaus zu richten. Allerdings sollten wir in diesem Punkte nicht Nachsicht, sondern Einsicht walten lassen: Seine Interviews mit dieser Spezies offenbaren mehr, als manchem Berufsrevolutionär und -reformer lieb ist. Sie verraten die Stärke des Bretts, das er (oder sie) bohrt, die Verpackung der Nerven und die Weite (oder Enge) des Horizonts. Gaus verrät sie alle, ohne sie zu denunzieren.

Nun laufe ich doch Gefahr, ihn zu preisen, was ich nicht vorhatte. Erstens weil ich mich nicht in eine Schlange einreihen möchte, zweitens weil Menschen aus dem Norden eine gewisse Kühle und Sachlichkeit nachgesagt wird, die ich schätze. Gegenteiliges Verhalten provoziert nur Ungemach.
Es gibt jedoch Felder, wo sich Streit nicht nur lohnt, sondern auch dringlicher ist.
Zum Beispiel: deutsche Geschichte.

Berlin, im November 1997
Frank Schumann

EIN MANN, DER SICH NICHT IN SCHABLONEN PACKEN LÄSST

JUREK BECKER. Sohn polnischer Juden, 1937 in Lodz geboren, dort im Ghetto aufgewachsen, als Kind in verschiedenen Konzentrationslagern, großgeworden in der DDR. Seit 1977 im Westen. International bekannter Romanautor, Drehbuchautor von »Liebling Kreuzberg«. Im März 1997 gestorben.

Haben Sie gedacht, es würde zu Ihren Lebzeiten – Sie sind jetzt Mitte Fünfzig – zur Vereinigung der beiden deutschen Staaten kommen?

Das kommt darauf an, auf welchen Zeitraum Sie diese Frage beziehen. Wenn Sie mich fragen, ob ich das in den siebziger Jahren gedacht hätte, ist es etwas anderes, als wenn Sie mich fragen, ob ich das, sagen wir, 1987 gedacht hätte.

1987 hielten Sie es für möglich?

Ich bin kein Hasardeur. Aber während der siebziger Jahre hätte ich meinen Kopf und den all meiner Lieben darauf verwettet, daß die DDR und die Sowjetunion ewig sind. Jedenfalls ewig gemessen an meiner Lebenserwartung. Mitte der achtziger Jahre fing ich an zu glauben, daß es mit der DDR möglicherweise nicht gut gehen könnte. Es wäre Prahlerei, wenn ich Ihnen sagte, ich glaubte, der Weg würde zur Wiedervereinigung – zur Vereinigung – führen. Aber daß die DDR eine endliche Angelegenheit ist, das fing 1985/86 an, mir klar zu werden.

Sie haben aber – bei der Vorbereitung auf dieses Interview konnte ich es nachlesen – noch im Herbst 1989 in einem Interview davon gesprochen, daß es in der DDR eine starke Bewegung gebe für eine Reform dieses Landes. Das heißt, Ihre in der zweiten Hälfte der achtziger Jahre entstandene Meinung, das wird so nicht bleiben, wurde gegen Ende ergänzt durch die Meinung: Es verändert sich, aber es verändert sich innerhalb der DDR. War das so?

Es war so, und ich hielt das ja auch für wünschenswert.

Die Vereinigung der beiden Staaten an sich ist kein Wert?

Wenn Sie mich fragen, wie meine Empfindungen diesem neu geschaffenen Ding gegenüber sind: Ich habe nie von Vereinigung geträumt, nie daran gedacht, und es wäre schiere Heuchelei, zu sagen: Als das passierte, ist mir ein Herzenswunsch in Erfüllung gegangen. Es stimmt einfach nicht. Und ich glaube, die meisten, die vorgegeben haben, die Vereinigung als sehnlichstes Ziel zu haben, sehen das heute ziemlich anders.

Das ist ein schwieriger Punkt: Die herrschende Meinung in Deutschland – im vereinigten Deutschland – geht in ihrer Mehrheit dahin, daß die Wiedergewinnung des größeren, ursprünglichen Nationalstaats schon ein Wert an sich sei. Ist das so, und stimmen wir darin überein?

Ich weiß nicht, ob das die allgemein verbreitete Meinung ist. Ich bezweifele es sogar. Es ist richtig, daß es die herrschende, veröffentlichte Meinung ist.

Drückt sich darin eine Art öffentlicher Heuchelei aus, das Bedürfnis von öffentlicher Meinung, veröffentlichter Meinung, sich an Klischees zu orientieren, weil es sonst zu kompliziert wird, weil auch die Empfänger der öffentlichen Meinung unterschätzt werden? Und drücken sich darin die Bedürfnisse sozusagen des Bildungsbürgertums aus, die Wertmaßstäbe, die dieses Heute hat – Lehrer und Feuilletonisten und alle, die dazugehören, Politiker, Wirtschaftskapitäne …

… Verachten Sie die Lehrer nicht, das sind wichtige Leute …

… Gar keine Frage. Daß diese – sozusagen die gebildete Schicht – ihre Bildungschiffren gleichsetzt mit den Bedürfnissen und den Dingen, die der gewöhnliche, hinfällige Mensch im Kopf hat. Stimmen wir soweit überein?

Es gibt so etwas wie eine theoretische Zufriedenheit. Daneben muß es aber auch eine Art von Zufriedenheit geben, die sich an praktischen Erfolgen messen läßt, …

… Es sollte eine geben …

… und die gehen weit auseinander.

Das ist es, worauf ich hinziele mit meinen Fragen: daß wir diese Einsicht gewinnen. Die nächste Frage ist nun aber die: Was genau haben die sogenannten kleinen Leute – ohne jeden Hochmut gesagt –, was genau haben die von der Vereinigung?

Es fällt mir schwer, darauf zu antworten. Das erste, was mir einfällt: Es gibt einen ungeheuren Gewinn an Dingen, die sie sich nicht leisten können. Ein Zugewinn, …

… der nicht ihr Zugewinn ist …

… der ein theoretischer Zugewinn ist und kaum eine Entsprechung in der Wirklichkeit hat. Ich bin mir nicht sicher, ob es einen Zugewinn an persönlicher Zufriedenheit gibt, was bedeutet Zuversicht, was bedeutet Wohlbehagen, was bedeutet ein Gefühl der Konsolidierung, gern dort zu sein und der zu sein, wo und der man ist. Viele empfinden es als großen Gewinn – kein Zweifel –, Ansichten äußern zu können, die bis dahin strikt untersagt waren, und aus der Äußerung dieser Ansichten keinen Nachteil befürchten zu müssen. Unterschätzen Sie das nicht. Ich glaube aber, daß eine solche Freude schnell verbraucht ist. Das ist keine Sache, auf der sich eine Biographie aufbauen läßt. Ich fürchte, daß sehr viele Leute in Ostdeutschland mehr zu befürchten haben von dem, was Vereinigung heißt, und sehr viel mehr Leute in Westdeutschland können das an sich abprallen lassen und es für sich keine Folgen haben lassen.

Das zweite bestreite ich mit Entschiedenheit, weil ich denke, daß aus der Ost-West-Teilung in Deutschland zunehmend eine Arm-Reich-Teilung wird, und zwar gesamtdeutsch. Es wird sich der Abstand zwischen arm und reich auch in Westdeutschland erheblich vergrößern, und es wird wachsende Armutsinseln im Osten und im Westen geben. Was auch eine Folge der Vereinigung sein wird. Deshalb mein Einwand gegen Ihre Behauptung, die im Osten müßten eher Angst haben, die im Westen könnten alles an sich abprallen lassen.
Doch zurück zu dem, was Sie grundsätzlich darüber gesagt haben, was die Vereinigung bringt oder nicht bringt. Ich habe die Theorie von den zwei Öffentlichkeiten. Es gibt die eine, die Sie veröffentlichte Meinung genannt haben, die öffentliche Meinung, von der politischen Schicht betrieben, von den Journalisten, von den Politikern, dem Führungspersonal. Und es gibt die weit seltener veröffentlichte Meinung nicht unbedingt der schweigenden Mehrheit, aber der kleinen Leute, bleiben wir mal dabei, zu denen auch Dissidierende, anders Denkende aus der politischen Schicht gehören können. Der Abstand zwischen diesen beiden Öffentlichkeiten ist in der DDR am Ende so groß gewesen, daß es zwischen der Führungsschicht, der politischen Schicht, und der Bevölkerung überhaupt keine Kommunikation mehr gab.
Wie groß ist nach Ihrem Eindruck die Gefahr, daß der Abstand zwischen diesen beiden Öffentlichkeiten, zwischen dem, was in den Zeitungen, in der »Frankfurter Allgemeinen Zeitung«, in der »Bild-Zeitung«, in den Bonner Kommuniqués steht, und dem, was die Menschen denken und empfinden, auch im vereinigten Land so groß wird, daß daraus dieselben Gefährdungen von Nicht-Mehr-Kommunikation wie in der DDR entstehen? Und es ist nicht immer das Bessere, was die Menschen denken und empfinden?

Ich glaube, daß dieser Abstand sehr groß ist. Und ich glaube, daß er, je größer er wird, mit um so mehr Desinteresse betrachtet wird. Die veröffentlichte Meinung hört allmählich auf, Leute in ihrem konkreten Lebenslauf zu interessieren. Das ist wahrscheinlich einer der Gründe für das, wofür es heute das Wort »Politikverdrossenheit« gibt. Leute haben zunehmend das Gefühl, in der Sphäre, wo Politiker sich aufhalten, werde über etwas geredet, das ihr Leben eigentlich nicht unmittelbar betrifft.

Das ist wie in der DDR?

Es ist ja nicht so, daß alles das, was in der DDR schlecht war, nur deswegen, weil die DDR aufgehört hat zu existieren, heute nicht mehr vorhanden ist.

Nach Ihren amtlichen Papieren, laut Ihrem deutschen Paß sind Sie am 30. September 1937 als Kind polnischer Juden in Lodz geboren. Vielleicht aber sind Sie ein oder zwei Jahre jünger, weil Ihr Vater Sie möglicherweise als älter ausgegeben hat, nachdem die Deutschen 1939 im Krieg über Polen gekommen waren und Sie mit Ihren Eltern im jüdischen Ghetto in Lodz lebten. Später kamen Sie, von den Eltern getrennt, in die deutschen Konzentrationslager Ravensbrück und Sachsenhausen. Ältere Kinder hatten eine größere Überlebenschance, weil sie zur Arbeit gebraucht werden konnten. Sie sagen, Sie haben praktisch keine Erinnerungen an diese Zeit. Ist dieser Erinnerungsmangel eine Schutzmaßnahme, oder haben Sie wirklich keine?

Ich habe viel darüber nachgedacht, weil alle Menschen, die ich kenne, sich an Ereignisse in diesem Alter sehr wohl erinnern. Und ich habe mich geweigert zu glauben, daß in dieser Beziehung mit mir etwas nicht in Ordnung ist. Ich kann Ihnen versichern, daß es geradezu das Gegenteil einer Schutzmaßnahme ist: Ich will es wissen. Ich will es so sehr wissen, daß ich Bücher geschrieben habe, in denen ich mich angeblich erinnere. Aber ich erinnere mich nicht, und ich habe versucht, es mir zu erklären: Zum einen gab es nicht viel zu erinnern, das Leben war auf eine geradezu unbeschreibliche

Weise eintönig, es ist nichts passiert. Wahrscheinlich habe ich – auch daran erinnere ich mich nicht, aber ich vermute, daß es so war – ein halbes Jahr im Lager gesessen und eine Wand angesehen, und ich wurde am Leben erhalten, indem ich am Tag ein Stück Brot oder so etwas bekam. Es ist also nichts passiert, kaum etwas passiert, woran man sich erinnern könnte, und es hat mich auch keiner erzogen und ein intellektuelles Hin und Her gewährleistet, auf das Kinder angewiesen sind. Das andere, Wichtigste, ist aber wahrscheinlich: Meine Muttersprache ist Polnisch, und die habe ich vergessen. Einfach vergessen, die gibt es nicht mehr. Möglicherweise sind mit diesem Vergessen auch die meisten Informationen gelöscht worden, die in dieser Sprache gespeichert waren.

Nach dem Krieg, der Sie 1945 nach Ostberlin brachte, trafen Sie mit Hilfe einer amerikanischen Suchorganisation Ihren Vater wieder, der zum Schluß nach Auschwitz gekommen war und Auschwitz überlebt hatte, und Sie beide, der Vater und Sie, sprachen Deutsch miteinander, und dann lernten Sie Deutsch und haben gesagt: Ich spreche eine Vatersprache.
Empfinden Sie das Nichtbesitzen einer Muttersprache als einen schmerzhaften Verlust? Haben Sie das Gefühl, es fehle Ihnen etwas, oder sagen Sie einfach, ich hab's nun mal nicht?

Nein, ich habe nicht das Gefühl, daß mir etwas Wesentliches fehlt. Möglicherweise habe ich dieses Gefühl deswegen nicht, weil ich nicht weiß, was ich da eigentlich vermisse. Ich habe versucht, mir daraus einen Vorteil zurechtzudenken. Möglicherweise habe ich das deswegen getan, weil es angenehmer ist, mit Vorteilen zu leben, als mit Nachteilen. Ich glaube, der Umstand, daß Sprachen lernen für mich schon ein intellektueller Vorgang gewesen ist, daß ich die Sprache nicht – wie man sagt – mit der Muttermilch eingesogen habe, hat mir ein merkwürdiges, distanziertes Verhältnis zur Sprache gebracht, das bis heute anhält. Das hat möglicherweise zu einer gewissen Wachheit der Sprache gegenüber geführt, aber auch zu einer Sucht danach, exakt zu sein, die mich oft ärgert. Das ist nicht unbedingt ein Vorteil für Schriftsteller. Ich glaube, daß in

Büchern die Sprache auch einmal im Dreck liegen muß, aber ich bin bis heute ein Autor, der wahrscheinlich vorführen will, wie gut er diese Sprache beherrscht. – Und das kann ein großer Nachteil sein.

Sie sind aufgewachsen in der Hauptstadt der DDR, in Ostberlin, Abitur, Mitglied der FDJ, seit 1957 Mitglied der herrschenden Staatspartei SED. Kurzes Philosophiestudium an der Ostberliner Humboldt-Universität, seit 1960 Drehbuchautor bei der DEFA, der DDR-Filmgesellschaft, schließlich Romanschriftsteller. Eine DDR-Existenz.
Erschien Ihnen die DDR als die richtige deutsche Alternative, nach Ihren Erfahrungen mit anderen Deutschen als Kind in einem Konzentrationslager?

Ich habe nie über die DDR als Alternative zu etwas anderem nachgedacht. Ich habe sie, ich will nicht sagen, als etwas Gottgegebenes gesehen, aber doch als etwas, worauf ich keinen Einfluß hatte in dem Sinne, daß ich es grundlegend hätte anders machen können. Die DDR war da, und ich hatte mich mit ihr abzufinden, und sie schien mir wert zu sein, an ihr »rumzumachen«, das heißt, sich um sie zu bemühen. Das war eine grundlegende Empfindung, ich will nicht nur sagen meiner Jugend, sondern bis weit in meine Biographie hinein.

Keine Distanz?

Ich war der DDR gegenüber sehr loyal. Ich habe Nähe zu ihr empfunden, und ich wollte sie akzeptieren und besser machen.

Im Jahre 1976 haben Sie dann gleich zweimal Anlaß zu öffentlichem Protest gesehen: Zuerst protestierten Sie gegen den Ausschluß Rainer Kunzes aus dem Schriftstellerverband, dann mit anderen gegen die Ausbürgerung Wolf Biermanns. Was hat die DDR nach Ihrer Vermutung, nach Ihrer Einschätzung als Gemeinwesen so unfähig gemacht, Künstler, Intellektuelle zu ertragen, deren Kritik nicht die Abschaffung der DDR im Sinne hatte, sondern ihre Verbesserung?

Heute würde ich die mangelnde intellektuelle Potenz ihrer Führung als hauptverantwortlich dafür sehen. Daß Sie mich da nicht falsch verstehen: Wenn ich sage, es gebrach der DDR-Führung an Durchblick, an Blick für die Möglichkeiten, dann meine ich damit nicht, daß in anderen Ländern die intellektuelle Potenz der Führung so viel höher sei. Aber zwischen einem Staat wie der DDR und einem Staat wie der Bundesrepublik gibt es in dieser Beziehung einen gravierenden Unterschied. Die Bundesrepublik gehört nicht den Politikern ...

... Da sind Sie sicher? ...

... Da bin ich absolut sicher. Ich bin sicher, daß sich in der Bundesrepublik wenig verändern würde, wenn es von heute auf morgen keine intakte politische Führung mehr gäbe, oder wenn eine andere Partei die Wahl gewönne. Die Politiker haben einen relativ beschränkten Einfluß auf die Zustände in diesem Land. In der DDR hatten die Politiker einen uneingeschränkten Einfluß auf nahezu alles. Wenn es in einem Laden keine Tomaten zu kaufen gab, war das Schuld der Partei und nicht Schuld des Geschäftsführers. Das heißt, die DDR-Führung hatte alle Kompetenzen an sich gerissen und war daher für alles verantwortlich. Ihr mangelndes Einschätzungsvermögen war ausschlaggebend dafür, daß sich Kritik, auch gutgemeinte, positive, aufs positive Ändern gerichtete Kritik, nicht artikulieren konnte. Hinzu kam, daß die DDR ja wirklich in einer relativ gefährdeten äußeren Situation war – von ihrem Anfang bis zu ihrem Ende.

War das sozialistische System reformfähig, oder war es zum Scheitern verurteilt von Anfang an? Und scheiterte es an der ideellen und materiellen Überforderung der Menschen oder an der andauernden Anspannung, in einer feindseligen Umwelt existieren zu müssen? Und betraf das nicht nur die DDR, sondern alle sozialistischen Systeme?

Es ist billig, heute – 1993 – zu sagen, es war von Anfang an zum Scheitern verurteilt, es war nicht reformfähig. Trotzdem sage ich das heute. Aber natürlich hätte ich es im Jahr 1980 oder im Jahr 1965 niemals gesagt – ich war sicher, daß da Schrauben sind, an denen man drehen kann, und daß Weichen da sind, die man stellen kann, daß Möglichkeiten da sind, die man nutzen kann. Heute fürchte ich, daß sozusagen die »Masse«, die diesen Ländern zur Verfügung stand, im Jahr 1988 oder 1989 aufgebraucht war. Da war nichts mehr. Man hatte in ökonomischer Hinsicht aus allen Ecken alles zusammengekratzt und zusammengeklaubt, und das Potential war aufgefressen. Mehr war da nicht drin. Der Zusammenbruch des sogenannten sozialistischen Lagers hat für meine Begriffe in erster Linie ökonomische Ursachen. Aber diese ökonomischen Ursachen waren natürlich von den Führungen dieser Länder mitproduziert, sie waren kein Naturereignis.

Sie haben aufgemuckt, andere haben es nicht getan. Was waren die Auslöser für Ihre Aufmüpfigkeit, bestimmte Reaktionen in Ihrem Gehirn, oder war es der freie Wille des Mannes Jurek Becker? Gibt es den freien Willen des Menschen?

Das ist ein Geheimnis. Ich kann mich nicht entschließen, als Astrologe zu antworten. Es gibt mehrere Gründe, warum solche wie ich etwas getan oder gesagt haben, was andere nicht getan oder gesagt haben. Ich kann versuchen, das bei mir so zu benennen: Zum einen gab es sicher eine bestimmte charakterliche Disposition. Ich bin ein Choleriker, nicht nur in dieser Hinsicht, und mein Kopf ist in Auseinandersetzungen relativ schnell voll von dem ziemlich einfältigen Gedanken: Wo gibt's denn so was! Und das ist dann die Situation, wo ein Wort das andere gibt. Ich hatte vielleicht auch etwas mehr Durchblick als andere. Eine wichtige Sache ist jedoch: Ich hatte möglicherweise weniger zu riskieren als andere. Das ist nicht zu unterschätzen.

Sie hielten Ihr eigenes Risiko für nicht sehr groß?

Ich will nicht sagen, daß ich das Risiko in jeder Situation bedacht habe. Aber ich muß es eigentlich bedacht haben, wenn ich es rückwirkend ansehe. Ich habe neulich irgend jemandem – der hat sich darüber aufgeregt – gesagt: Je weiter ich den Mund aufriß, um so ernster wurde ich genommen, und um so mehr Respekt genoß ich. Ich will nicht sagen, daß ich das deswegen getan habe. Aber der Gedanke, daß mir schon nicht allzuviel passieren kann, wenn ich dies und jenes tue, hat sicher eine Rolle gespielt. Und zu meinem Verhalten während der Biermann- und der Kunze-Angelegenheit insbesondere möchte ich noch sagen, daß für meine Begriffe mein Verhalten und das vieler anderer, die an diesem Protest beteiligt waren, nicht unmittelbar mit diesen beiden Anlässen zu tun hatte. Da hatte sich vielmehr über die Jahre etwas angesammelt, und es war sozusagen der »point of no return« erreicht. Der Topf war übergelaufen; es ging nicht weiter.

Wieviel freien Willen hat der abhängige Mensch?

Weniger als manche möchten, vermutlich aber mehr, als mancher glaubt. Ich finde nicht, daß ein Mensch nichts anderes ist, als die Summe der Umstände, die auf ihn einwirken, das Resultat seiner Erziehung, das Resultat seiner konkreten Lebensverhältnisse. Das ist er ohne Frage zu großen Teilen, und weil es so ist, kann man ja auch in der Tendenz ganz bestimmte Verhaltensmuster bei sehr vielen Menschen feststellen.
Aber natürlich gibt es so etwas wie einen Willen. Natürlich kann einer aus einer bestimmten Situation diese Schlußfolgerung ziehen und der andere jene. Es ist ja nicht so, daß jemand, der jung ist, keine Berufsaussichten hat, arbeitslos ist und über wenig Geld verfügt oder über gar keines, zwangsläufig Brandsätze in Ausländerheime werfen muß. Manche tun es, und andere sind empört darüber. Ich glaube, daß es einen Gutteil Entscheidung gibt, den man auch freie Entscheidung nennen könnte.

Ist Anpassung ein Menschenrecht, ist Mitläufertum ein Menschenrecht?

Ja. Ich glaube, es ist nicht in Ordnung, Mut einzuklagen. Und solche Veränderungen, wünschenswerte Veränderungen, die nur dann zu erzielen sind, wenn Millionen Leute irrsinnig mutig sind, diese Veränderungen sollte man lieber nicht erwarten. Auf diese Veränderungen baue ich nicht. Es wäre zu schön, in einer Gesellschaft zu leben, in der Anpassung bestraft und Aufmüpfigkeit und Widerspruchsgeist honoriert würden. So eine Gesellschaft hat es noch nie gegeben, und es gibt sie auf der Welt nicht.

Das wäre die Anarchie. Überlegen Sie: Es wäre die Anarchie. Ein Ziel aufs Innigste zu wünschen, aber es wäre die Anarchie. Anpassung schafft Staat.

Ich kann mir Staatsformen vorstellen, in denen Anpassung mehr honoriert und Widerstand mehr bestraft oder eben auch Anpassung stärker sanktioniert und Widerstand leichter hingenommen wird.

Das ist klar. Die Frage lautet jedoch: Ist der Mensch ohne Anpassung gesellschaftsfähig?

Ganz bestimmt nicht.

Im Jahr 1977 haben Sie die DDR verlassen unter sehr günstigen Umständen …

… für mich günstigen Umständen …

… für Sie günstigen Umständen: Sie konnten mit einem langfristigen Visum im Westen leben, aber auch wieder in die DDR zurückkehren, Besuche machen. Sie haben dem Sinne nach gesagt, Sie seien nicht aus einem direkt politischen Grunde gegangen, sondern um der Anspannung des Lebens zu entgehen, damit mehr Zeit bleibe für ihre schriftstellerische Arbeit. Das ist nun eine etwas kompliziertere Begründung als die gängige …

… Genauso werde ich das wohl nicht gesagt haben, und wenn, habe ich es so nicht gemeint.

... Na schön. Ich bleibe trotzdem bei der Frage. Ich habe es so im Wortlaut nachgelesen, man kann ja eigene Meinungen auch verändern. Die gängige Lesart ist: Man geht weg wegen der schieren Unerträglichkeit. Ich stelle jetzt eine unmögliche Frage: War das Leben unerträglich? Wie unerträglich war es im Normalfall in der DDR?

Das Leben war nicht unerträglich. Das Leben war unangenehm. Für mich war es eigentlich relativ erträglich. Ich hatte vergleichsweise gute Lebensumstände. Ich habe, als ich wegging, eine Gelegenheit wahrgenommen, die sich mir bot. Sicher waren die Umstände, die mich im Westen erwarteten, und zwar die Umstände, die mit meiner Arbeit zu tun hatten und mit nichts anderem, günstiger, zumindest schien es mir so. Und auch heute noch glaube ich, daß ich recht hatte. Denn in der DDR zu bleiben, hieß für mich nichts anderes, als auf den Ärger, die Repressionen, mit denen ich zu tun hatte, andauernd zu reagieren. Auch als Autor. Ich hatte den Eindruck, daß das, was ich in jener Situation schrieb, eher Pamphleten glich als Literatur. – Ich mußte mich entscheiden zwischen der Karriere eines Widerstandskämpfers und der eines Schriftstellers. Und ich wollte lieber das letztere werden.

Es gibt offenkundig feste Erwartungen in der westdeutschen Öffentlichkeit, wonach Schriftsteller aus der DDR beim Rückblick ganz und gar kritisch zu sein haben und nicht abwägen dürfen. Ist dies nicht der sicherste Weg an der Wahrheit über das, was gewesen ist, vorbei?

Sicher erwarten viele Kritikern, daß Schriftsteller, die mit der DDR zu tun hatten, irgendwie immer wieder dasselbe Buch schreiben. Das Buch, das sie schon kennen, das Buch, das schon hundertmal geschrieben worden ist, in dem die Urteile, die man über die DDR bereit hat, sich zum tausendsten Male bestätigen.
Diese Erwartung hat für mich auf umgekehrte Weise mit jener Erwartung zu tun, die Politiker der DDR an den sozialistischen Realismus knüpften. Sie glaubten ja auch, daß, wenn immer wieder dasselbe beschrieben wird, auf eine nur nuanciert andere Weise, wird irgendwann mal dieser und jener Effekt eintreten. Ich glaube,

von Schriftstellern, die mit der DDR zu tun haben, wird erwartet, daß sie immer und immer wieder sozusagen durch den Reifen der Regimekritik springen, mit dem vorerwarteten Ergebnis. Ich habe noch niemals in meinem Leben in einer westdeutschen Kritik über ein westdeutsches Buch einen Satz gelesen wie: Alles schön und gut, aber der Autor steht seiner eigenen Umgebung merkwürdig unkritisch gegenüber. Bei einem DDR-Schriftsteller, der sich dieses Vergehens schuldig macht, können Sie aber eine Wette eingehen, daß ihm das unter die Nase gerieben wird.

Es ist Ihnen passiert mit Ihrem im vergangenen Jahr erschienenen, vorerst letzten Roman »Amanda Herzlos«. Da haben Ihnen Kritiker, an der Spitze Reich-Ranicki, vorgehalten, Sie hätten die DDR-Realität nicht grauenhaft genug geschildert.

Ich kann nichts dafür, wenn ein Kritiker in einem Buch, das zwischen drei Männern und einer Frau spielt, die Toten an der Mauer vermißt, die sich ja in diesem Zimmer, in diesen drei Zimmern, in denen das stattfindet, sehr merkwürdig ausnehmen würden. Ich kann auch nichts dafür, daß, weil Sie den Namen erwähnen, Reich-Ranicki so etwas ist wie ein Kalter Krieger, dem der Kalte Krieg abhanden gekommen ist, und der heute noch mit den Wünschen von gestern operiert, als würde er in derselben Welt leben. Ich kann nur ein Buch schreiben, das meinen Vorstellungen entspricht und nach meinen Parametern kritisch ist und nicht nach seinen.

Ich habe den Eindruck, daß die Art, wie die Mehrheit von denen in Westdeutschland, die sich überhaupt für die DDR interessieren, dieses Land rückblickend sieht, an der gewesenen Realität vorbeigeht, weil sie nicht in das vorgegebene Raster, nicht in das vorgestellte Klischee paßt. Und man fordert eine dem verbreiteten Klischee entsprechende Aufarbeitung der Vergangenheit und nennt das dann »Bewältigung der Vergangenheit«.
Gibt es dafür eine Begründung? Gibt es mehr Kalte Krieger, die das fortsetzen, oder gehört das zu den begreiflichen Orientierungsbedürftigkeiten der Westdeutschen, die die DDR nachträglich noch mal dämonisieren,

nachdem sie sie ein paar Jahre lang realistischer gesehen hatten? Ist das Unsicherheit? Wie erklären Sie sich den Realitätsverlust über das, was die DDR wirklich gewesen ist? Kommt das daher, weil einige aus der DDR gekommen sind, die, um ihre Leiden zu vergrößern, übertrieben haben – manche allerdings mußten wirklich nicht übertreiben. Was ist das?

Viele Menschen, dic in der DDR gelebt haben, halten ihre jahre- oder jahrzehntelange Anpassung, ihr Schweigen, ihr Nichtstun gegenüber kritikwürdigen Umständen, heute für nicht in Ordnung. Diese Menschen haben ein gewisses Interesse daran, die Sanktionen, die ihnen im anderen Fall gedroht hätten, möglichst groß darzustellen, um verständlich zu machen, warum sie den Mund gehalten haben, warum sie sich angepaßt haben. Ich bin mir absolut sicher, daß das Anpassungspotential der westdeutschen Bevölkerung nicht um ein Jota kleiner oder größer ist als das der ostdeutschen Bevölkerung. Vermutlich sind ihr durch einen geringeren politischen Druck einige der Verrenkungen erspart geblieben, die im Osten so sehr häßlich aussahen. Dieser Umstand sollte als eine Gnade angesehen werden und nicht als ein Verdienst. Die letzte gesamtdeutsche Unternehmung, an der sie diese Verhaltensgleichheit hätten feststellen können, war das Nazireich. Ich kenne keinen signifikanten Unterschied in der Anpassung an jene Diktatur zwischen Ostdeutschen und Westdeutschen.

Wenn die Ostdeutschen, die die Situation, der sie sich anpaßten, dramatisieren mußten –, woher rührt dann das Bedürfnis der Westdeutschen, die Wahrheit nicht wahrnehmen zu wollen?

Möglicherweise ist das ein Instrument der Disziplinierung. Es ist schwer, einer ganzen Bevölkerung gegenüber oder Haltungen in der Bevölkerung gegenüber den Psychologen zu spielen.
Indem man, ohne es direkt auszudrücken, dennoch darauf hinweist, es sei eigentlich etwas Verwerfliches, sich anzupassen, könnte ja auch die Forderung gestärkt werden, nicht zuviel zu verlangen und mal ein bißchen stiller zu sein, als man ist. Ich glaube, daß

diese Sicht, diese – wie ich finde – falsche Sicht auf die DDR-Wirklichkeit und die Unlust, bestimmte ökonomische Realitäten zu akzeptieren und sich ihnen entsprechend zu verhalten, Hand in Hand arbeiten.

Nach der Wende, als viele redeten, haben Sie geschwiegen. Jedenfalls waren Sie vergleichsweise zurückhaltend. Warum?

Wahrscheinlich hatte ich zwei Gründe. Ich rede jetzt über etwas, worüber ich mir nicht sehr im klaren bin, ich vermute an mir selbst herum.
Der eine Grund war: Es haben ja schon alle gesprochen. Ich wollte mich auf gewisse Weise antizyklisch verhalten. Warum sollte ich dasselbe sagen, was in allen Fernsehsendungen gesagt wurde, und was in allen Zeitungen stand?
Eine andere Sache war: Es war mir klar, daß mit der DDR auch etwas von mir untergegangen war. Ich fühlte mich nicht wohl dabei. Ich hatte möglicherweise, als ich jeden Tag Enthüllungen las, jede Menge Enthüllungen, auch eine gewisse Scham, weil dort von lauter Sachen die Rede war, bei denen es mir nicht wie Schuppen von den Augen fiel, sondern die ich wußte. Die ich eigentlich wußte, die ich nicht wahrhaben wollte oder auf die ich nicht heftig genug reagiert hatte, auf die ich zu feige oder zu anpassungsfähig reagiert hatte.

Was ist Ihre Meinung zu dem, was über Heiner Müller und dessen Kontakt mit der Stasi bekanntgeworden ist?

Über Müllers Kontakte zur Stasi ist für meine Begriffe bisher sehr wenig bekanntgeworden. Wir leben in einer Zeit, in der es offenbar gang und gäbe ist, genau in diesem Zusammenhang aus sehr wenig sehr viel zu machen. Was ich bis jetzt gesehen habe, gibt gewiß keinen Grund, Heiner Müller mehr zu lieben als bisher. Aber es ist kein Grund, ihn zu verachten. Und ich habe bis jetzt nichts, aber absolut gar nichts gelesen über seine Haltung der Stasi gegenüber, was mir als verwerflich erschiene, und ich warte eigentlich noch auf Enthüllungen, die bis jetzt nicht gekommen sind. Man hat aus sehr wenig einen großen Topf Suppe gekocht.

Ihr erster Roman »Jakob der Lügner«, 1969 erschienen, ist ein Welterfolg geworden. Das ist eine schöne Sache. Aber kann es auch eine Last sein?

Ich finde es müßig, daß nahezu jeder Kritiker, der ein Buch von mir liest, sagt: Ja, gut und schön, aber »Jakob der Lügner« ist es nicht. Nun stelle ich mir vor, das ist eine Last, oder anders gesagt, das ist eine Belästigung, und ich stelle mir vor, mein erstes Buch wäre ein fürchterlicher Flop geworden, ob da meine Biographie wesentlich angenehmer verlaufen wäre? Ich glaube nicht, und so muß ich es, wie es war, für die bessere Variante halten.

Können Sie sagen, was der durchgehende, der andauernde Gegenstand Ihrer Literatur ist, Ihrer Bücher? Gibt es das, kann man das sagen? Gibt es ein Grundthema?

Vielleicht zwei.
Eines, das Sie schon andeuteten, über das wir uns aber nicht sehr ausgiebig unterhalten haben: Opportunismus. Der ist für meine Begriffe das Ingredienz Menschlichkeit, das in Anpassung steckt, und er deutet auf die nur relative und nicht die absolute Wahlfreiheit hin, die Menschen zur Verfügung steht.
Das zweite: Ich habe mich in meinen Büchern ziemlich viel mit Geschichte von Juden während der Nazizeit beschäftigt. Formal interessierte es mich auch bei diesem Thema, von dem man erwartet, das es in Form der Tragödie daherkommt, immer etwas, ihm den feinen Anzug auszuziehen und es in die Nähe von tragischen Komödien zu bringen. Ich liebe es, Stoffe, von denen man erwartet, daß sie ernst sind, unernst zu erzählen.

Bleiben wir noch bei dem ersten Thema, das sich in Ihren Werken – wie Sie selber sagen – durchgehend feststellen läßt: der Anpassung der Menschen. Und kommen wir noch mal auf die Stasi-Problematik zurück, ob im Zusammenhang mit Heiner Müller oder Christa Wolf, die darüber jetzt in einem Artikel selber etwas aus sehr früher Zeit, von 1959, bekannt hat. Sagen Sie etwas über die Stasi und die Menschen in der DDR.

Die Stasi hat die Leute ohne Frage drangsaliert. Und die Leute in der DDR, jedenfalls sehr viele, schienen mir – das ist wieder das Thema – von erheblicher Unterwerfungsbereitschaft. Die Stasi hat sehr viel von dem getan, was Leute sich haben gefallen lassen. Sie müssen mir nicht sagen, daß es unbequem gewesen wäre, sich etwas nicht gefallen zu lassen. Das weiß ich. Die DDR wäre ohne die Stasi ein schöneres Land gewesen, wahrscheinlich auch ein gefährdeteres Land. Ein gefährdeteres Land als sie es ohnehin schon war. Sicher gibt es in anderen, in westlichen Ländern Geheimdienste, die auch allerhand über ihre Bevölkerung herauskriegen, aber es auf sanftere, zivilisiertere Weise tun, als dies in der DDR geschehen ist. Und ich glaube, es besteht kein Anlaß, die Stasi im nachhinein schönzureden: Sie war eine miese und am Untergang der DDR maßgeblich beteiligte Organisation.

Der Sozialismus, ist der endgültig aus der Welt?

Nageln Sie mich nicht auf ein Wort fest. Vor einiger Zeit ist mir durch den Kopf gegangen, daß meine Vorstellung von Sozialismus möglicherweise ein Widerspruch in sich ist. Ich wünschte mir einen Sozialismus, dessen Voraussetzung ist, daß die überwältigende Mehrheit der Bevölkerung ihn will und ihn akzeptiert. Dieser Zustand wird vermutlich niemals eintreten. Eine andere Sache ist, daß wir nicht aufhören dürfen, über Alternativen zu unserer heutigen Lebensform nachzudenken. Ich habe das Gefühl – was heißt, das Gefühl –, es scheint mir gewiß, daß wir in einem Zug sitzen, in dem die Aircondition funktioniert, in dem es ordentlich zu essen und zu trinken gibt, in dem prima Bücher und Zeitschriften in den Regalen liegen, in dem alles zu funktionieren scheint, und dieser Zug rast abwärts. Er rast abwärts, und wir weigern uns so sehr, aus den Fenstern zu sehen, daß wir die Jalousien heruntergezogen haben und nicht wahrnehmen möchten, was draußen passiert. Vielleicht wäre dieses Hinaussehen etwas, was man ein Bedürfnis nach Sozialismus, zumindest nach anderen Lebensformen als denen, die für uns heute als unerschütterlich gelten, nennen könnte.

Erlauben Sie mir eine letzte Frage. Gefragt auch nach dem, was Sie gerade eben erst gesagt haben über den Zug, in dem wir sitzen, wie Sie meinen. Sind Sie nach Ihrer Selbsteinschätzung ein eher glücklicher Mensch?

Ich bin kein sehr glücklicher Mensch. Ich befinde mich – sagen wir mal – in einem Zustand erträglicher Unzufriedenheit. Und das scheint mir das äußerste zu sein, was jemand, der nicht die Augen verschließt, in der Situation, in der wir leben, empfinden kann.

21. Januar 1993

SIE WAR IMMER AUFMÜPFIG

DANIELA DAHN. Geboren 1949 in Ostberlin. Ihr Vater war ein prominenter Wirtschaftsjournalist der DDR, die Mutter ist Kostümbildnerin und Malerin. Arbeit beim Fernsehen der DDR. 1981 Kündigung, um freie Schriftstellerin zu werden. 1989 Bürgerrechtlerin, obwohl auch Mitglied der SED. Verheiratet mit dem Schriftsteller Jochen Laabs. Eine elfjährige Tochter.

Der Untertitel Ihres jüngsten Buches lautet »Vom Unbehagen in der Einheit«. Sie führen manche Gründe für Ihr Unbehagen an – vorab gefragt: Wenn Sie Ihr Unbehagen im vereinten Deutschland einer westdeutschen Frau Ihrer Generation gegenüber auf einen Generalnenner bringen wollten, was würden Sie ihr sagen?

Dieses Unbehagen hat natürlich viele Komponenten. Aber wenn ich nach einem Generalnenner gefragt bin, würde ich wohl zunächst sagen, daß mir die Einheit manchmal wie ein Mißverständnis vorkommt, weil die eine Seite das Gefühl hat, sie gibt ihr Letztes, und die andere Seite meint, man nimmt ihr das Letzte. Und dieses Mißverständnis kommt daher, daß beide Seiten, die Leute auf beiden Seiten, tatsächlich einen ziemlich hohen Preis zu zahlen haben, während nur eine kleine Gruppe an der Einheit wirklich gewonnen hat. Und das Verrückteste ist, daß diese Gruppe es auch noch verstanden hat, ihre Methode des »Märkte schaffen ohne Waffen« als das Siegerideal hinzustellen. Dadurch sind auf beiden Seiten völlig verzerrte Bilder voneinander entstanden, und vor allem keine Chancengleichheit. Und das ist das, was ich – aber das weiß sie vielleicht selber – dieser Frau noch speziell sagen würde:

daß wir Ostfrauen jetzt auf das gleiche Niveau gerutscht sind, wie die in ihren Chancen uns gegenüber doch benachteiligten Westfrauen.

Worin bestand der Vorteil der Ostfrauen?

Das läßt sich leider am leichtesten in Zahlen sagen: Neunzig Prozent waren berufstätig, im Westen sind es fünfundfünfzig Prozent. Und die Berufstätigkeit bringt eben doch Eigenständigkeit, Selbstbewußtsein, ein eigenes Leben.

Nun sagen manche im Westen, vielleicht um sich ein bißchen zu rechtfertigen, daß das eigentlich eine erzwungene Frauenarbeit gewesen sei. Fast, als sei es Zwang gewesen.

Damals konnte man das behaupten. Aber jetzt sieht man ganz eindeutig, daß fast alle nach wie vor und voll berufstätig sein wollen. Es ist nicht eingetreten, daß jetzt vierzig Prozent der Ostfrauen sagen: Endlich sind wir diesen Zwang los, wir wollen genau wie ihr viel lieber Hausfrauen sein. Sie wollen alle weiterarbeiten.

Ganz hartgesottene Westler sagen dann: Ihr Ostfrauen seid eben durch vierzig Jahre sozialistische Erziehung verbogen. Ihr seid gar keine richtigen Frauen mehr.

Was man als verbogen ansieht, ist natürlich immer eine Frage des Standpunktes. Wir haben manchmal Schwierigkeiten mit dieser verinnerlichten Hausfrauenmentalität, die dann auch noch als Lebensideal angesehen wird, und würden eher das als Verbogenheit ansehen.
Im übrigen zeigt sich jetzt: Obwohl es nicht selten frustrierend war, Berufstätigkeit mit Mutterschaft zu vereinen, so war es doch – scheint mir – der beste Frust, der für Frauen gegenwärtig möglich ist. Wenn ein Drittel der westdeutschen Frauen zugunsten der Karriere auf Kinder überhaupt verzichten muß, ist das aus unserer Perspektive auch eine Art Verbogenheit.

Sie sagen, die Einheit als solche ist ja noch kein Glück, sondern allenfalls die Voraussetzung für gemeinsames Glück oder Unglück.

So ist es. Die Einheit ist ja bisher eigentlich nur in der Währungsunion wirklich vollzogen. In allem anderen, ob mental, ob materiell, muß sie noch erreicht werden. Und es sieht im Moment eher danach aus, als ob die Gräben tiefer würden. Es war ein Anliegen von mir, diese verschiedenen Pole erst einmal zu beschreiben, ehe man sich annähern kann.

Sie sind auch eine Bürgerrechtlerin gewesen. Obwohl seit 1972 Mitglied der SED, haben Sie im Oktober 1989 den Demokratischen Aufbruch, eine Bürgerrechtsgruppe, mitgegründet. Was haben Sie sich seinerzeit erhofft?

Demokratischer Aufbruch war ja schon ein Motto. Es waren die Hoffnungen des Herbstes 1989, die man damals – zumindest noch im Herbst – auf die Kurzformel bringen konnte: Volkseigentum plus Demokratie. Das war das, was wir noch nie hatten, und was auszuprobieren wir nun wirklich neugierig waren. Und was auch alternativ und neu für die westliche Seite hätte sein können. Wir haben vollkommen unterschätzt, daß das von anderen als Gefahr erkannt wurde.
Und so ist in der Bundesbank ganz schnell – dreizehn Tage nachdem die Mauer gefallen war – ein Plan entwickelt und im Zentralrat der Bundesbank vorgestellt worden, der zum Inhalt hatte, jetzt schnellstens zu einer Währungsunion zu kommen. Denn das war klar: Mit einer einheitlichen Währung sind eigene Vorstellungen nicht mehr möglich.

Nun hat allerdings seinerzeit der damalige Bundesbankpräsident Pöhl zunächst – sogar öffentlich – von einer solchen schnellen und radikalen Währungsunion abgeraten. Er ist dann umgefallen. Das heißt, es muß ja auch Widerstand dagegen gegeben haben. Sie sagen, die herrschende Mehrheit im Westen war klug genug zu sagen: Das müssen wir schnell machen, sonst gibt es einen dritten Weg. Glauben Sie das?

Das glaube ich ganz sicher. Es war ja nicht nur Pöhl. Pöhl hat mir gesagt – ich habe mich lange mit ihm darüber unterhalten –, daß er sich ärgert, nicht gleich zurückgetreten zu sein, als Zeichen. Es waren Sachverständige aus allen Wirtschaftsbereichen, die gesagt haben, das geht nicht gut, das wird sehr teuer für viele Jahre. Aber es war politisch so gewollt, um genau das zu vermeiden, was wir schon angedeutet haben. Und jetzt zahlen wir alle die Rechnung.

Wenn ich mit Ostdeutschen spreche, stelle ich oft fest, daß sie viel schneller als ich an eine Art Meisterplan denken. An eine bewußte Absicht. Sie sind einer Verschwörungsvorstellung viel näher als ich. Ich kann nur für mich sprechen. Das, was ich sage, soll nicht für die Westdeutschen gelten. Ich befürchte, es ist viel schlimmer. Wenn es einen Interessenplan gibt, der für die Mehrheit nachteilig ist, kann man den Plan vielleicht aufdecken. Wenn er aufgedeckt ist, hat er schon die Hälfte seiner Kraft verloren. Ich befürchte, vieles geschieht, weil zum Beispiel viele im Westen seinerzeit tatsächlich geglaubt haben, die Marktwirtschaft würde das richten. Und zwar schnell und gut. Sie sind Opfer ihrer eigenen Propaganda geworden? Sind auch Sie gelegentlich auf einen solchen Unterschied gekommen, daß Sie und andere aus dem Osten, die ich kenne und schätze, schneller als ich bei einer Verschwörungstheorie sind, bei einer Absicht?

Ich würde das überhaupt nicht Verschwörung nennen. Ich empfinde es auch nicht so. Aber ich empfinde doch, daß diese Gesellschaft hier ganz stark eine Gesellschaft von organisierten Interessen ist. Und wer sich am besten organisiert, der setzt auch seine Interessen am besten durch. So war es auch bei der Einheit. Gerade in solchen Umbruchsituationen ist die Gefahr natürlich noch größer, daß sich Lobbyismus festmacht und durchsetzt. Sie sagen, man kann das aufdecken, man tut es ja auch, viele tun es. Ich habe ein Buch darüber geschrieben, viele andere ebenfalls. Das Aufgedeckte setzt sich im öffentlichen Bewußtsein aber nicht durch. Der Zeitgeist hat auch seine Interessenvertretung.

Das glaube ich. Ich glaube, daß Fakten gegen den Zeitgeist fast ohnmächtig sind. Macht Sie das als Autorin bitter?

Gelegentlich sehr, aber ich weiß keinen besseren Weg, diese Bitterkeit zu überwinden, als immer wieder dagegen anzuschreiben. Und gelegentlich habe ich dabei auch Erfolgserlebnisse. Ich muß wohl so weitermachen.

Ich unterstelle, daß ein Bündel von Gefühlen Sie bewegt, und ich denke, daß es gemischte Gefühle waren, die Sie hatten, als die Berliner Mauer am 9. November 1989 fiel. Können und mögen Sie sich erinnern, was Sie seinerzeit, als die Mauer keine mehr war, empfunden haben?

Es war Irritation, Verwirrung. Der 4. November lag erst fünf Tage zurück ...

... Das war der Versuch, Volkseigentum und Demokratie ...

... Genau. Das war der Höhepunkt unserer Hoffnungen. Und fünf Tage später – es war ja eigentlich sehr schön, ich habe mich gleich unter die Massen gemischt, es war eine Euphorie und eine Freude auf beiden Seiten, der man sich gefühlsmäßig nicht entziehen konnte. Und trotzdem war schon eine dunkle Ahnung dabei, daß es so überstürzt eigentlich nicht gutgehen kann.

Sind Sie den Menschen gram, die Ihrem dritten Weg nicht folgen, sondern so schnell wie möglich im Westen konsumieren wollten?

Ich bin ihnen nicht gram, aber eine gewisse Inkonsequenz muß man den Ostdeutschen schon vorwerfen: Erst wählen sie mit großer Mehrheit jene Parteien in die Volkskammer, die den schnellen Beitritt beschließen werden, und jetzt, wo der Beitritt geschehen ist, sind Umfragen zufolge zwei Drittel der Ostdeutschen gegen diese Ordnung. Die manchmal von Westdeutschen geäußerte Frage, ob wir uns das, was gekommen ist, vorher nicht vorgestellt hätten, kann ich nicht so ganz von der Hand weisen.

Sind Sie von den Menschen enttäuscht?

Das paßt nicht in mein Menschenbild.

Die Enttäuschung …

… Ja. Diese Art Resignation über Menschen, daß ich sie aufgebe. Wenn ich enttäuscht wäre, könnte ich nicht mehr schreiben.

Warum?

Weil ich doch beim Schreiben jemanden als Adressaten brauche. Wenn man von allen enttäuscht ist, hat man keinen Grund mehr zum Schreiben. Man kann nur sagen, ich sehe es anders, und ich will euch jetzt das erzählen, was ich beobachtet habe. Leuten, die man abgeschrieben hat, erzählt man nichts mehr.

Ich wollte Sie das eigentlich nicht fragen, Sie sind noch so jung. Aber nun kommt die Gaussche Standardfrage doch: Wird es je etwas anderes geben als den alten Adam und die alte Eva?

Es gibt den jungen Adam und die junge Eva.

Die sind anders – außer jung?

Die sind offener. Jetzt, wo es mit der DDR vorbei ist, merken wir doch, daß die beiden Bevölkerungen tatsächlich anders sind. Ich will nicht behaupten, daß man Menschen generell und andauernd verändern kann, aber daß sie zu prägen sind durch andere Erfahrungen, ist doch jetzt bewiesen. Sonst wäre man sich nach sechs Jahren nicht immer noch so fremd. Und gerade junge Leute sind für solche Prägungen offener, ich glaube durch Erfahrungen und, wenn Sie so wollen, durch Aufklärung beeinflußbarer. Wenn man nicht zumindest Hoffnung in diesen Gedanken hätte, wäre Schreiben auch relativ sinnlos.

Bürgerrechtlerin, Frau Dahn. Beim Demokratischen Aufbruch waren Sie mit Herrn Eppelmann zusammen, der im Bundestag bei der CDU untergekommen ist. Andere sind bei anderen mehr oder weniger etablierten Parteien, wieder andere scheinen verbittert, versuchen aus ihrer Vergangenheit, ihren großen Tagen in der Wendezeit eine immerwährende Gegenwart zu machen. Es ist so verständlich wie unmöglich. Riskieren Sie ein Urteil über diese Verbitterten?

Ich weiß nur, daß alle jene, die am Anfang im Demokratischen Aufbruch sehr einig und unzertrennlich waren, plötzlich sehr unterschiedliche Wege gegangen sind. Am Anfang haben wir uns auf eine Formel geeinigt, die in etwa lautete: Wir verwahren uns gegen die Unterstellung, die DDR in kapitalistische Verhältnisse zurückreformieren zu wollen. Unterschrift: Eppelmann.
Dann hat sich sehr schnell gezeigt, daß wir eigentlich alle etwas anderes meinen. Ein Urteil über Verbitterte: Es tut mir leid, aber früher war unser Umgang miteinander lockerer. Jetzt hat sich zwischen Autoren, Künstlern, Bürgerrechtlern eine Verkrampftheit hergestellt, die damals nicht da war. Ich glaube, Bärbel Bohley hat einmal gesagt: Die Künstler waren eigentlich immer nur Salonoppositionelle. Ich muß sagen, ich kann mit diesem Begriff ganz gut leben.
Ich erinnere mich, als wir – wir sind in dem Falle einige Schriftstellerkollegen – beim Schriftstellerkongreß 1987 gegen die Zensur gesprochen haben, das war, wenn ich mich recht entsinne, im Roten Salon in der Kongreßhalle am Alexanderplatz. Ich meine, man soll Opposition da machen, wo man gerade ist, Hauptsache, man macht sie. Und ich habe manchmal den Eindruck, einige dieser Bürgerrechtler sind heute nicht einmal Salonoppositionelle, sondern nur noch Salon. Das ist schon schade.

Ich gehe ein paar Fragen zurück. Meine Frage nach Ihrer Mitbegründung des Demokratischen Aufbruch habe ich eingeleitet mit dem Hinweis, Sie seien Mitgründerin gewesen, obwohl Sie Mitglied der SED gewesen waren. Die Formulierung unterstellt, das eine schließe das andere aus, war aber absichtlich so von mir formuliert. Ich wollte Sie provozieren.

Sie haben es auf sich beruhen lassen, aber nun frage ich: Ärgert Sie ein solches pauschales Urteil über die SED?

Ja, das ärgert mich schon, weil es auch eines aus dem Nachhinein ist. Ich erinnere mich genau: Als wir damals am Gründungsabend in dieser Runde bei Pfarrer Neubert saßen, da habe ich es – vielleicht sogar zum ersten Mal im Leben – für nötig befunden, zu sagen, daß ich in der SED sei. Das zu erwähnen, war früher nicht nötig. Es war deshalb nicht so wichtig, weil wichtig war, wie man sich verhielt, nicht, wo man organisiert war. Da haben die Leute ziemlich genau unterschieden, glaube ich. An dem Abend dachte ich plötzlich, jetzt sage ich es nun mal gerade. Und es wurde mit Sonderbeifall aufgenommen, daß man von allen Seiten her zusammenhält und versucht, einen demokratischen Aufbruch zu finden. Es ist dann erst später wieder umgekippt, als man geglaubt hat, jetzt müsse man mal sauber sortieren, wo die Bösen waren und wo die Guten.
Das ist natürlich eins von diesen vielen Klischees, gegen die zu schreiben ich auch versuche.

Wie erklären Sie sich, daß heute das vorherrschende westdeutsche Urteil über die DDR-Realität der Nach-Stalin-Zeit so undifferenziert ist, eher grobschlächtig?

Auch grobschlächtiger als es schon mal war, als die Mauer noch stand. Es ist schwer zu erklären. Sie leben mehr unter Westdeutschen als ich, wissen es sicher besser. Offenbar geht es um das Gefühl, jetzt ganz eindeutig unter den Siegern zu sein und die anderen kleinreden zu können. Endlich die gefunden zu haben, die alles falsch gemacht haben, muß doch sehr schön sein.

Ich biete Ihnen eine andere Erklärung an, und Sie sollen sagen, ob Sie sie für möglich halten oder für ganz und gar falsch: Manches ist schiefgelaufen. Wir sprechen darüber, Sie haben darüber nicht das erste Mal ein Buch geschrieben. Diese Vergröberung der DDR-Realität im nachhinein vom Westen aus läßt die Fehler, die man gemacht hat, und von denen man allmählich sieht, daß man sie gemacht hat, eher erträglich erscheinen. Kann das sein?

Sie meinen jetzt die westdeutschen Fehler? Das hängt – glaube ich – zusammen mit dem, was ich meinte. Die Fehler, die man gemacht hat, und die man weiter macht. Denn es läuft ja nicht so ganz besonders gut im Moment. Insofern ist es natürlich viel schöner, über die Fehler der anderen zu reden und sie als einzige Ursache für das, was im Moment nicht glatt läuft, darzustellen, als sich selbst zu befragen, ob man nicht möglicherweise auch das eine oder andere hätte verändern können in dem Moment, als alles offen war.

Aber es war nicht alles offen, sagen Sie.

Weil Leute es nicht offen wollten. Es hätte offen sein können.

Haben Sie Erinnerung an diese wirren Zeiten der Wende, der unmittelbaren Wende? Halten Sie es für möglich, daß Sie und ich, Ihre Generation und meine Generation, etwas vergleichbar Freies nie wieder erleben?

Ich fürchte es fast.

Die alten Anpassungsklischees des Ostens waren brüchig geworden. Die neuen des Westens waren noch nicht zur Macht gelangt.

Es waren unvergleichliche Wochen. Man forderte etwas, und am nächsten Tag war es schon erfüllt. Man machte Sendungen, für die es keine Abnahmen mehr gab, man entwarf Gesetze, man setzte Leute ab. Es war unglaublich, in welchem Tempo plötzlich Veränderungen möglich waren. Inzwischen ist schon wieder alles so festgefahren.

War es wie im Kindergarten?

Nein. Es war schon eine tolle Erfahrung, in der es auch viel Reife, Würde und Souveränität gab. Aber zu denken, es könne so weitergehen, hatte vielleicht doch einen kindlichen Zug.

Schmerzt Sie das Scheitern des sozialistischen Versuchs?

Ja. Ich sehe keine Alternative, die wirklich dauerhafte Lösungen anbietet. Möglicherweise war es aber insofern ein notwendiges Scheitern, weil es doch jetzt Freiräume schafft, im Denken und vielleicht sogar im Praktischen einen anderen, ob nun sozialistischen oder wie auch immer genannten dritten Weg – es sind ja alle Begriffe diskreditiert – zu finden. Aber es muß ein anderer Weg gesucht werden, weil immer mehr Menschen sehen, daß das, was wir jetzt haben, nicht die Lösung ist. Insofern ist es einerseits schmerzlich, weil so viel Zeit verloren worden ist, andererseits ist es vielleicht die einzige Chance, wirklich etwas Neues zu beginnen.

Was ist Ihre Antwort auf den westdeutschen Vorwurf, es gebe im Osten eine DDR-Nostalgie?

Das finde ich einfach falsch. Nostalgie ist ja eindeutig etwas Pejoratives. Es ist nicht wahr, daß die Leute die DDR wiederhaben wollen. Sie trauern den verpaßten Chancen nach, daß man gemeinsam etwas Neues hätte machen können. Sie sind verärgert über diese Klischees der DDR gegenüber und haben insofern das Gefühl – das beobachte ich in letzter Zeit wirklich –, selbstbewußter zu ihrem Leben zu stehen.

Sie beschreiben in Ihrem jüngsten Buch das Entstehen eines gewissen Trotzes im Osten. Bildet sich da eine Ost-Identität in der Gemeinschaft innerhalb des gesamten Deutschlands? Es ist ja nicht so, daß der südbadische Winzer im Bismarck-Reich genauso zu Hause gewesen ist wie der Mecklenburger Landarbeiter. Zu den Platitüden dieses Einheitswahns, wie wir ihn primitiv betrieben haben, gehörte doch die Vorstellung: Wenn ihr nun endlich freigesetzt seid, vierzig Jahre hin oder her, seid ihr sofort so wie Westdeutsche. Wird es bleibend eine Ost-Identität geben und woraus besteht sie?

Das Wort Ost-Trotz ist, glaube ich, eine West-Erfindung. Ich verstehe schon, was damit gemeint ist. Aber das Wort selber lehne ich ab, weil es suggeriert, es handele sich um ein Verhalten von Leuten, die sich nicht angemessen benehmen können, die wie Kinder reagieren. Ich nenne es anders. An einer Stelle meines Buches nenne ich es die »So-Nicht-Mentalität«, die sich in der DDR ausgeprägt hat. Man war in der DDR einfach stärker gewohnt, es auszuhalten, dagegen zu sein. Das war ein normales Lebensgefühl, das im Westen, glaube ich, aus verschiedenen Gründen nicht so weitverbreitet ist. Dieses Lebensgefühl hat man mit hinübernehmen können. Man hat am Anfang vielleicht nicht gewußt, daß man es noch brauchen wird. Und nun zeigt sich durch die anhaltenden Versuche von Demütigung und Vereinnahmung, daß man es doch noch braucht. Es ist schon richtig, daß man jetzt absurderweise etwas zusammenschweißt, sich eine Identität unter Leuten mit östlicher Erfahrung prägt, die so gar nicht nötig gewesen wäre, wenn es mit der Einheit anders gelaufen wäre.

Demütigung – das ist ein sehr starkes Wort. Versuchen Sie zu sagen, was Demütigung ist. Ich weiß: Ungerechtigkeit ist in der Frage wie in der Antwort. Trotzdem: Was ist die Demütigung, die vor allem vom Westen her dem anderen angetan wurde?

Sie besteht im Materiellen wie im Ideellen. Materiell ist es einfach so, wenn fünfundneunzig Prozent des Volkseigentums – und juristisch war es Volkseigentum, es gehörte tatsächlich dem Volk und nicht dem Staat, denn Staat ist niemand, dem etwas gehört, Staat ist immer nur ein Verwalter von Eigentum –, wenn also fünfundneunzig Prozent davon in westliche Hände gehen, dann ist das eine gewaltige Demütigung, weil schon klar ist: Wo kein Haben ist, ist auch kein Sagen. Das ist jetzt erst einmal für lange Zeit zementiert. Das ist nicht mehr so schnell rückgängig zu machen.

Die zweite Ebene ist die psychologische. Wenn einem eingeredet wird, man habe in seinem Leben eigentlich alles falsch gemacht, die Biographie sei vollkommen umsonst gewesen, dann ist natürlich auch das eine Demütigung, gegen die man sich wehren muß. Weil man das auf Dauer nicht erträgt.

Nun hat das Volk im großen und ganzen – wie ich es beobachten konnte, als ich als Westdeutscher in der DDR lebte – das Volkseigentum ja ein bißchen mißachtet. Es hat offenbar die Zeit nicht gereicht, dafür ein Bewußtsein zu entwickeln. Vielleicht aber ist das auch im Menschen nicht angelegt, ein solches Bewußtsein wirklich zu entwickeln. Ein bißchen war es doch so, weil es eben niemandem wirklich gehörte, außer dem Volk, hat das Volk Schindluder getrieben mit dem Eigentum. Ist das falsch?

Im Bereich der Produktion ist es sicher richtig. Die ganze Wirtschaft war so zentralisiert, daß wirklich niemand ein Eigentümerbewußtsein entwickeln konnte. Das war sicher einer der Kardinalfehler. Ich habe aber in den siebziger Jahren zum Beispiel einmal einen Film über Betriebsferienheime gemacht und gesehen, mit welcher Liebe und mit welchem Engagement das gehegt und gepflegt wurde. Und auch mit welchem Egoismus, daß das wirklich nur für den Betrieb ist und nicht etwa auch für Leute aus der Öffentlichkeit. Sobald man sich identifizieren konnte mit etwas …

… war es beinahe wieder privat …

… es war aber juristisch volkseigen.

Jetzt betrügen Sie sich selber ein bißchen.

Juristisch stimmt es schon.

Aber psychologisch. Ihr Betriebsheim war schon wieder beinahe meins.

Beinahe, aber eben nicht wirklich.

Nicht in der Macht, die vom Besitz ausgeht. Das ist wahr.

Und so gab es verschiedene, auch öffentliche Einrichtungen, ob das nun die Polikliniken oder die Kulturhäuser waren, die waren schon angenommen.

Wer Sie kennt, der sagt, Sie hätten schon immer Courage gehabt – vor der Wende und seither auch. Was treibt Sie, nach Ihrer Selbsteinschätzung, den Kopf aus der Nische zu stecken?

Ich bin offenbar irgendwie so strukturiert, daß ich immer das Bedürfnis habe, mich einzumischen. Zurückziehen und resignieren finde ich unbefriedigend. Das Einmischen bringt auch nicht immer etwas, aber manchmal habe ich schon die Erfahrung gemacht, daß es vielleicht doch etwas angestoßen hat. Ich habe für mich keine andere Option, als mich immer wieder einzubringen. Jetzt kann ich das mit noch mehr Deutlichkeit und nutze es auch.

Nach dem Abitur haben Sie zunächst im DDR-Fernsehen volontiert, dann in Leipzig Journalistik studiert und danach wieder im Adlershofer Fernsehen gearbeitet. Zuerst beim Jugendfernsehen, danach in der Prisma-Redaktion, einem politischen Magazin. Im Jahr 1981 kündigten Sie beim Fernsehen und wurden freie Schriftstellerin. Bisher haben Sie vier Bücher verfaßt, zwei vor der Wende, Kurzprosa und Reportagen, nach der Wende das Buch »Wir bleiben hier oder Wem gehört der Osten?« und als vorerst letztes jenes über das Unbehagen mit dem Obertitel »Westwärts und nicht vergessen«. Warum haben Sie 1981 beim DDR-Fernsehen gekündigt?

Aus dem deutlichen Gefühl heraus, nicht mehr genug Eigenes einbringen zu können. Als ich Anfang der siebziger Jahre dort begann, gab es gelegentlich noch Phasen, in denen man die Illusion haben konnte, es müsse irgendwann doch einmal vorwärts gehen. Damals lebte Lamberz noch, der erklärte, die Massenmedien …

… Lamberz war jenes Politbüromitglied, das in Libyen mit dem Hubschrauber abgestürzt ist …

... sollten Tribünen für die Meinungen im Volk werden. Damals konnte man noch hoffen. Und es gab Ansätze in den siebziger Jahren. Ich konnte eine eigene Sendung entwickeln, die dann sehr bald wieder eingestellt wurde, es war immer ein Auf und Ab. Anfang der achtziger Jahre hatte ich dagegen das Gefühl, jetzt ist es, was die Möglichkeiten betrifft, nur noch ein Ab. Und es war dann meine Konsequenz zu sagen: In dem Beruf kann ich jetzt nicht weiter. Freischaffender Journalist konnte man damals nicht sein, das war steuerrechtlich nicht vorgesehen, weil man die Journalisten unter Kontrolle haben wollte. So blieb nur die Flucht nach vorn, und ich beschloß, Schriftstellerin zu werden, in dem Moment nicht genau wissend, ob das gelingen würde, und ob die Spielräume da wirklich so viel größer sein würden. Sie waren dann zwar nicht unbegrenzt, aber größer waren sie doch.

Ihr Elternhaus war intellektuell geprägt. Vater und Mutter waren – nicht in einem platten Sinne – linientreu. Aber die DDR hielten sie unzweifelhaft nach Wille und Vorstellung für ihren deutschen Nachkriegsstaat und nicht den westdeutschen nebenan.
Zwei Fragen in diesem Zusammenhang: Akzeptieren Sie, wenn man sagt, Sie gehörten mit diesem Hintergrund zu einer Minderheit im Land? Zu diesem Hintergrund gehört auch: Dieses ist mein Staat – den anderen verabscheue ich.

Wahrscheinlich gehörten wir zu einer kleineren Gruppe, als es mir damals bewußt war. Irgendwie war ja die DDR auch so strukturiert, daß man immer wieder mit Leuten zusammenkam, die ähnlich dachten, und man konnte sich schnell verschätzen in der Hochrechnung und denken: Es ist doch mehr als eine Minderheit. Dennoch war es meine Erfahrung – auch während der Jahre als Journalistin war ich ja viel in Betrieben unterwegs, in Einrichtungen, in Krankenhäusern, Kulturhäusern, wo immer Sie wollen –, da traf ich schon auf eine Art Engagement, zwar immer auch mit Verbitterung, daß es anders sein müßte. Aber das Gefühl, alle hätten längst alles abgeschrieben, hatte ich nicht. In dieser idealen Variante, in dieser idealistischen, waren wir sicher eine Minderheit, wenn wir dachten, ein lebenswerter Sozialismus würde eines Tages gelingen. Aber daß es in der Bevölkerung keinerlei Art einer gewissen Verinnerlichung gegeben habe, war meine Erfahrung nicht.

Die zweite Frage mit Blick aufs Elternhaus: Waren Sie privilegiert?

An sich war man in der DDR privilegiert, wenn man Arbeiter- und Bauernkind war. Aber natürlich war es auch eine Art Privileg, im häuslichen Umfeld relativ viele andere Meinungen zu hören, als sie üblich waren, und so ziemlich früh Anstöße für selbständiges Denken, das auch mal von der Spur abweicht, zu bekommen. Bei uns gingen viele interessante Leute ein und aus, Widerstandskämpfer, Bekannte aus dem westlichen Ausland, Journalisten, Freunde. Da waren viele verschiedene Anregungen. Vielleicht ist das ein Privileg in so einem geschlossenen System.

Ich habe die jüdische Verwandtschaft von seiten Ihrer Mutter erwähnt. Heute wird im Westen – nicht sehr überzeugend, aber hier und da doch – aus der geschlossenen Haltung des Ostblocks gegenüber dem Staate Israel auf einen gewissen Antisemitismus rückgeschlossen. Hat es in der DDR einen versteckten Antisemitismus gegeben?

Sicher hat es zu der Zeit, die ich nicht mehr bewußt erlebt habe, Anfang der fünfziger Jahre, in der Stalinzeit, eine Art Antisemitismus gegeben. Der war aber sehr eng verwoben mit politischen Verschwörungstheorien und äußerte sich demzufolge mehr als ein Antizionismus, als Auseinandersetzung mit einer Art imperialer Verschwörung gegen den Sozialismus oder ähnlichem, die Slanski-Prozesse... Das war immer mit politischen Klischees gekoppelt und ist dann auch nach Stalins Tod relativ schnell verschwunden. Die Linie hat sich geändert. Die jüdischen Gemeinden sind alle rehabilitiert worden. Und in der Zeit, an die ich mich erinnern kann, gab es einen ethnisch begründeten Antisemitismus nicht. Ich habe jedenfalls nie so etwas erlebt. Und auch unter den Freunden, die ich kenne, habe ich immer eher die Meinung gehört, daß Juden eine privilegierte Minderheit waren, der man, vielleicht aus einem unbewußten Schuldgefühl heraus, entgegenzukommen versuchte, in praktischen Angelegenheiten zum Beispiel.

Inwieweit haben Sie mit Ihrem Familienhintergrund und aus eigenem Interesse die Emigranten, von denen es nach 1949, als beide deutsche Nachkriegsstaaten gegründet worden waren, viele, vor allem namhafte, vorgezogen, in die DDR zu gehen und nicht in die Bundesrepublik, inwieweit haben Sie diese Emigrantenschicksale, die zum Teil auch jüdische Schicksale waren, als eine sich in der DDR manifestierende Realität wahrgenommen?

Ja, ich habe eine ganze Reihe dieser Emigranten kennen- und schätzengelernt. Ich hatte ein sehr enges Verhältnis zu ihnen und habe aus den von ihnen erlebten Geschichten oder aus dem, was ihren Verwandten widerfahren war und wovon sie erzählten, letzten Endes meinen moralischen Rigorismus gewonnen. Für mich war Antifaschismus nie: Man muß die wenigen Mutigen verehren. Sondern die Botschaft des Antifaschismus an mich war: Man muß im Leben mutig sein.

Als die DDR-Führung 1976 den Liedermacher Wolf Biermann ausbürgerte, ging ein Riß durch die Gruppe der Intellektuellen, der Schriftsteller, der Künstler im Land. Nicht wenige protestierten. Sie waren seinerzeit, wir haben es ja erwähnt, beim DDR-Fernsehen beschäftigt, wo es auch eine Belegschaftsversammlung gab, auf der die Parteilinie festgeklopft werden sollte. Ich weiß, was Sie damals getan haben, aber ich hätte gern, daß Sie es selbst erzählen, auch wenn es Sie geniert. Bitte.

Es ist etwas schwierig, von eigenen »Heldentaten« zu erzählen. Ich war damals noch nicht lange von der Hochschule gekommen, hatte also kaum einen Hintergrund an Leistung, war eine junge Absolventin, und da saßen 120 Leute und regten sich geradezu hysterisch über dieses Kölner Konzert auf. Und je mehr die sich aufregten, desto mehr regte auch ich mich auf und dachte: Ich muß hier etwas anderes sagen, sonst kann ich mich nie wieder an diese Versammlung erinnern. Ich bin dann aufgestanden und habe mit zitternder Stimme gesagt, daß ich doch große Bedenken gegen diese Ausbürgerung hätte. So etwas hätten andere vor uns getan, und das stehe der DDR nicht gut zu Gesicht. Also eigentlich Selbstverständlichkeiten. Aber wenn man unter 120 Leuten ganz allein ist, erscheint es schon nicht mehr so selbstverständlich, und ich wußte ja auch: Es gibt nur das eine Fernsehen im Lande, und ich habe keinen anderen Beruf als den des Fernsehjournalisten. Danach kamen dann ziemlich unschöne Gespräche und Aufregungen und Drohungen. Es hatte sich so wohl auch kein anderer Journalist im Hause in meinem Sinne geäußert, aber Gott sei Dank ein paar Regisseure und Schauspieler. Irgendwann, nach einer Woche oder nach zweien – es war ja so unberechenbar in der DDR und viel Willkür im Spiel –, kippte das Ganze um, und man ließ uns in Ruhe. Ich weiß nicht, wer da irgendwas im Hintergrund geschaltet hatte.

Die Prominenz des Vaters, hat die geholfen?

Ach wissen Sie, gerade zu der Zeit sind viel prominentere Leute als mein Vater in Schwierigkeit geraten. Letzten Endes mußte man für seine Meinung schon allein geradestehen.

Was waren das für Gespräche, die man mit Ihnen geführt hat?

Ich sollte das Gesagte widerrufen. An sich ging es darum, daß alle 120 Leute unterschreiben sollten, daß sie voll hinter den Maßnahmen von Partei und Regierung stünden. Und weil einer dagegen gesprochen hatte, haben sie diese ganze Unterschriftenaktion dann weggelassen, man hatte offensichtlich Angst, es könne sich herumsprechen bis zur Kreisleitung oder was weiß ich wohin, daß es auch Gegenstimmen gegeben habe. Da man das nicht wollte, hat man lieber diese ganze Befürwortungskampagne eingestellt. Ich kann nicht mehr sagen, ob es das Ziel war, sie später doch noch nachzuholen.

Was haben Sie am meisten vermißt in der DDR? Was hat Ihnen am meisten gefehlt? Mehr Widerspruch?

Ja, Öffentlichkeit, als Journalist hat mir Öffentlichkeit gefehlt. Daß man Eigenes einbringen kann, daß unterschiedliche Meinungen akzeptiert werden, daß man Andersdenkenden gegenüber tolerant ist. Das wurde in den achtziger Jahren, bis Mitte der achtziger Jahre wirklich eher enger. Mit Gorbatschow brach dann wieder einiges auf. Eine letzte Hoffnung. In den Medien blieb zwar alles vorgegeben, in der Literatur aber war es ziemlich anders. Da war erstaunlich viel möglich. Man hatte eben die Vorstellung, in den Massenmedien müsse alles ganz geradlinig sein. Und das gehörte für mich mit zum Schlimmsten an dieser Art Sozialismus.

Wie stellt sich die pluralistische Öffentlichkeit in Ihren Augen dar?

Das ist für mich eine ziemliche Umstellung. Heute ist alles gültig, man kann alles sagen. Peter Turrini hat gesagt: »Alles ist gleich gültig und somit gleichgültig.«
Ich habe ein wenig das Gefühl – ich weiß, daß Westdeutsche immer ziemlich empört sind, wenn ich das sage, aber Sie werden vielleicht gnädiger mit mir umgehen –, daß diese unglaubliche Vielfalt in der gar nicht mehr gewertet wird, sondern alles ist gleich präsent, und sobald einer eine Meinung sagt, ist, wegen der Ausgewogenheit, auch die Gegenmeinung da. Das ist das totale Gegenteil von Zensur. Aber komischerweise ist die Wirkung nicht so sehr viel anders, weil der wirklich neue Gedanke, wenn Sie so wollen: auch der subversive, in diesem Brei nicht mehr durchkommt.

Die Manipulation im entschwundenen System und die im westlichen – welche ist nach Ihrer Beurteilung wirkungsvoller?

Wirkungsvoller, weil verinnerlichter, ist sicher die im Westen. Wir haben doch immer gewußt, daß alles, was man uns sagt, so nicht stimmt, und wir hatten die vorhin erwähnte »So-nicht-Mentalität«. Wir fühlten uns nicht manipuliert, und waren es im begrenzten Sinne auch nur, weil wir diesen Medien immer mißtraut haben. Heute ist alles viel schwerer zu durchschauen, wenn man die Sachen nicht wirklich gründlich selber überprüft. Es ist auch eines meiner Prinzipien beim Schreiben, daß ich mir so eine Meinung vornehme und dann mal ganz genau recherchiere, was denn da nun dran ist. Das kann aber nicht jeder jedesmal so lange tun, und so ist es ganz schwer, sich die vielbeschworene eigene Meinung zu bilden. Man muß sich auf das verlassen, was einem angeboten wird. Das hat man bis zu einem gewissen Grade verinnerlicht, und so kommen starke Verzerrungen viel unbewußter zustande.

Anpassung ans Herrschende und Tonangebende in der DDR und Anpassung ans Herrschende und Tonangebende im pluralistischen System der Bundesrepublik. Was überwiegt? Das Gleichartige oder das Unterschiedliche? Und worin besteht der Unterschied?

Ich glaube, daß die Summe der Anpassung in beiden Systemen letztlich gleich ist. Vielleicht hat das etwas mit Statik von Systemen zu tun. Nur der Ort der Anpassung ist ein anderer. Während wir zumindest im Politischen nach außen angepaßt sein mußten, wenn wir nicht allzuviel Ärger bekommen wollten, ist man in der westlichen Gesellschaft im Berufsleben angepaßt. Viele Festangestellte sagen mir, was sie da an Subalternität erleben, haben sie nicht für möglich gehalten. Da war im Berufsleben in der DDR, wo man ja nicht entlassen werden konnte, wenn man nicht kriminell war, erstaunlich viel möglich, was man sich heute vielleicht schon gar nicht mehr vorstellen kann. Da konnte man seine Meinung gegen seinen Chef doch schon vorbringen, was man sich heute gut überlegen sollte. Insofern ist der Anpassungsdruck gerade dann, wenn so viele Arbeitslose vor der Tür stehen und warten, nicht geringer geworden.

Also Not und Angst vor Not nach der Wende machte schwächer und anpassungswilliger und nicht aufmüpfiger?

Das fürchte ich, ja. Allerdings kann es auch umkippen, wenn einem wirklich der Kragen platzt, wenn es sozusagen eine innere, eine psychische Not ist – wir sprachen von den Demütigungen –, dann kann schon so etwas entstehen, was ich jetzt zu beobachten glaube.

Vielleicht ist noch Wunschdenken dabei, aber es gibt viele Tendenzen des neuen Selbstbewußtseins Ost. Ich beobachte das nicht nur bei Autoren und Politikern, sondern ich bin ja auch viel zu Lesungen unterwegs, und ich merke, wie Leute nach der Lesung diskutieren, und daß es da eine Art neue Selbstbesinnung gibt auf das, was war, gemessen an den Erfahrungen, die man jetzt macht. Insofern denke ich, es sind beide Tendenzen möglich.

Ist das nicht wieder nur eine neue Nische?

Nein, das ist gerade eine Art Heraustreten aus der Nische. Nische war es bisher, wo man erst mal abwartete mit dieser Gesellschaft und klarzukommen sich bemühte. Aber jetzt, wo man doch versucht, genauer zu artikulieren, was einem nicht paßt an dieser Gesellschaft, das empfinde ich nicht als Nische.

Und wenn die Arbeitslosigkeit nicht zurückgeht, sondern eher zunimmt? Worauf bauen Sie – Sie sind ein junger Mensch – Ihre Erwartungen?

Man muß ja wohl davon ausgehen, daß sie zunimmt. Das ist schon wahr. Aber auch dann kann ja dieser Moment eintreten, daß man sagt: Je mehr wir uns jetzt anpassen, desto schlimmer wird es. Es muß grundsätzlich etwas anderes kommen. Unabhängig davon, ob man – und das ist vielleicht wirklich Wunschdenken – zunehmend Schwierigkeiten in seiner Arbeit bekommt, muß man sich wieder organisieren. In seiner Gewerkschaft. Im Moment ist es ja eher so, daß man in bestimmten Situationen im Betrieb lieber nicht erwähnt, daß man in der Gewerkschaft ist. Aber ich denke – und das ist so eine Erfahrung aus dem Herbst 1989 –, es kann ein Punkt kommen, wo das umkippt.

Ist das jetzt beinahe verfassungswidrig, was Sie sagen?

Das zu überprüfen überlasse ich dem Verfassungsschutz.

Erlauben Sie mir eine letzte Frage: Ist es Ihnen ganz einerlei, wenn Sie gegen den Strom schwimmen und das wissen? Oder ist Ihnen dabei manchmal beklommen zumute?

Wenn ich beim Schreiben gegen den Strom schwimme, macht es mir Spaß. Sonst könnte ich es, glaube ich, nicht machen. Ich empfinde auch eine Befriedigung dabei, bestimmte Klischees zu hinterfragen und es auch scharf zu tun. Wenn das Geschriebene dann plötzlich gedruckt vorliegt, wird mir schon manchmal beklommen. Dann ist es aus der Hand, und ich kann nichts mehr ändern. Und ich denke: Wenn das jetzt nur nicht alles ganz falsch verstanden wird und anders, als ich es gemeint habe. Die Beklommenheit kommt, aber sie schlägt wieder um, und das Wohlbefinden überwiegt letzten Endes doch.

13. April 1994

VIEL GELOBT UND VIEL GESCHOLTEN

WALTER JENS. Geboren 1923 in Hamburg. Sohn eines Bankdirektors und einer Volksschullehrerin, die – wie er sagt – sozusagen das Rote in sein Leben hineingetragen hat. Studium der klassischen Philologie und Germanistik, Universitätsprofessor für Rhetorik in Tübingen. Schriftsteller, Essayist, Romanautor, Verfasser von Theaterstücken, Hörspielen und Drehbüchern, Nachdichter von antiken Dramen, Neuübersetzer von Teilen der Bibel. Evangelischer Christ, Literaturkritiker. Einer der maßgebenden Intellektuellen in der Geschichte der Bundesrepublik. Ein Mann, der stets öffentlich Farbe bekannt hat, ein – wie man sagt – Radikaldemokrat. Bis 1997 Präsident der nach der Vereinigung von Ost und West zusammengeführten Berlin-Brandenburgischen Akademie der Künste, seitdem Ehrenpräsident. Verheiratet mit der Schriftstellerin, Publizistin und Herausgeberin Inge Jens. Zwei Söhne.

Im Herbst 1989 wurde die Wende in Deutschland sichtbar. Massendemonstrationen in der DDR, der Fall der Mauer, binnen Jahresfrist dann das Aufgeben der DDR in der Bundesrepublik. Man stellte wieder her, was von Bismarcks Einheitsstaat wiederherzustellen war. Wie war Ihnen damals zumute, Herr Jens?

Das sind zwei Fragen, Herr Gaus. Erstens: Ich war sehr glücklich, als die Mauer fiel und meine Freunde von der christlichen Friedensbewegung in der DDR rasch und ungehindert zu mir kommen konnten. Die zweite Frage: Deutscher Einheitsstaat – ich glaube, es gibt ihn nicht, Gott sei Dank. Bayern und Mecklenburg-Vorpommern sind durch Welten getrennt. Und, was den Einheitsstaat, den erstrebten, angeht: Unterordnung der DDR unter die alleinseligmachende Bundesrepublik, so denke ich, das war in der Tat fatal. Hier die Subjekte, dort die Objekte, hier die Bestimmenden, dort die Bestimmten und, das Scheußlichste, die Formel: Eigentum vor Entschädigung: das rächt sich bis heute. Großes Glück und tiefe Trauer in einem.

Hätte man etwas anders machen können?
Oder lief alles über alle hinweg?

Nun, Helmut Kohl hat ja noch in sehr später Wendezeit die Kooperation zwischen den beiden deutschen Staaten für sinnvoll und nützlich gehalten. Die langsame, die behutsame Annäherung, sie wäre die beste gewesen. Ob sie möglich war, weil die DDR eben pleite war, kann man heute nicht stimmig beurteilen. Besser wäre das langsame Aufeinanderzugehen gewesen.

Wir hatten uns ganz gut eingerichtet, unter uns, in der Teilung. Man hat nach der Vereinigung oft gefragt, was von der DDR bleiben werde. Gegenfrage: Was bleibt von der alten Bundesrepublik?

Die Erinnerung an eine große Phase, in der Geist und Macht, Politik und Moral einander sehr nahe waren. Da gab es unseren Freund Heinrich Böll auf der einen Seite, der Menschen danach beurteilte, ob sie bereit seien, andere zu verstecken. Und da gab es den Mann, der in Warschau kniete und höher stand in diesem Augenblick als alle Feldherren, Minister, Kaiser und Könige zusammen. Die Erinnerung an diese Zeit bleibt Verpflichtung, und ich glaube, daß diese Zeit nicht endgültig vorbei ist.

Was Sie jetzt rekapituliert haben, das ist doch die Erinnerung einer Minderheit.

Da bin ich nicht so sicher. Ich glaube, daß Heinrich Böll eine Zeit lang dazu beigetragen hat, daß der Milieukatholizismus sich liberalisierte. Und ich glaube, daß Willy Brandt in diesen Jahren gezeigt hat und es bis in unsere Gegenwart zeigt: Es gibt ein anderes, ein bescheidenes, ein friedliches, ein vernünftiges, ein aufgeklärtes Deutschland, ein Land, das niemand zu fürchten hat und vor dem keiner sich entsetzen muß.

Sie schauen mit Wehmut zurück?

Ich schaue nicht nur mit Wehmut, sondern auch mit Betroffenheit zurück, von heute aus, wo die Parole »Wir sind wieder was!« in vieler Munde ist, in allzuvieler Munde. Und wo Großmannssucht und Auftrumpfen, wilhelminisches Gebaren – siehe Einsatz der Deutschen in aller Welt – zu dominieren beginnen. Ich denke schon, wenn man vom Bild des häßlichen Deutschen ausgeht: Wir waren einmal etwas freundlicher im Spiegel anzusehen.

Das, was Sie skizziert haben, war keine Ideologie, aber es war – wie Sie sagen – in Westdeutschland praktizierte Lebensform. Vorsicht, Mißtrauen gegenüber dem Staat und seiner Geltungssucht, Distanz gegenüber dem Erklärt-Nationalen, Bereitschaft, die deutsche Schuld nicht zu verdrängen und zu relativieren, sondern im Bewußtsein zu halten – alles Lehren aus den Erfahrungen des Nationalsozialismus und den Schrecken des Krieges. Haben Sie und Ihresgleichen sich darin getäuscht, daß diese Lehren, die Sie gezogen haben, die zu dieser praktizierten Lebensform des weltbürgerlichen Liberalismus geführt haben, Lehren aller seien, Lehren, die die Mehrheit gezogen hat? Oder war alles nicht doch nur gute Absicht und eine schöne Täuschung der Minderheit?

Nein. Es gab einige, die den anderen schon die Melodie vorspielen konnten, und das war keine Marschmusik, sondern das war die leise Musik von Lessing und Heine, die Musik der Aufklärer. Und ich denke auch, daß diese Melodien selbstverständlich nicht von allen übernommen wurden, daß aber diese Minderheit, von der Sie eben sprachen, nun auch nicht ganz blauäugig war. Hier haben Menschen in ihrer überwiegenden Mehrheit wirkliche Trauerarbeit geleistet. Wir haben ja den Herrn Globke nicht vergessen ...

... Aber es hat ihn gegeben ...

... So ist es, daran haben wir auch gedacht. Insofern hatten wir auch keine unkritische Sehnsucht nach dieser Art liberaler Bundesrepublik. Denn ganz so liberal war die Bundesrepublik ja nicht. Ein Land, in dem der Mitkommentator der Nürnberger Gesetze, der schändlichsten Gesetze, die man sich denken kann, zum zweitmächtigsten Mann im Staate werden kann, ist kein liberales Land.

Ich glaube, daß im Laufe der Jahre sehr viele Menschen mehr und mehr – da kam ein Bundespräsident Gustav Heinemann etc. – zu der Einsicht gekommen sind: Die Anfänge waren vielleicht nicht gut, unmittelbar nach 1945, man brauche die alten Nazis, hieß es, aber man könne ja lernen. Aber es kam das Jahr 1968, und man hat weitergelernt. Also, ich glaube, daß die Bundesrepublik insgesamt eher weiser, vorsichtiger geworden ist als in den Zeiten des Kalten Krieges und des rüdesten Antikommunismus.

Wieso hat es dann den Rückfall gegeben oder den Rückschlag, wie Sie es definieren?

Heute meinen Sie oder zu welchem Zeitpunkt?

Das hat schon vor 1989 angefangen, oder?

Sehr mit Maßen doch, denke ich. Natürlich gab es die »Republikaner«; es gab früher auch die NPD. Aber ich meine doch, daß es eine verschwindende Minorität gewesen ist und der Geist des Gemeinwesens davon auf jeden Fall relativ ungerührt blieb. Ich glaube, daß die Bundesrepublik im Laufe der Jahre fraglos an Libertät, Einsicht, auch an zivilem Laissez-faire gewonnen hat. Daß kleine mächtige Gruppen schon hinter den Kulissen Politik bestimmt haben, und zwar Politik in nicht aufklärerischer Weise, ist eine andere Sache.

Warum ist es dann jetzt aber so, daß man sagt: So ganz liberal, so ganz aufklärerisch ist es nicht mehr, es ist schon wieder ein bißchen dumpfer, schon wieder ein bißchen nationalistisch, zwar nicht in der hergebrachten Weise, aber es ist nationalistisch. Ist das alles die Folge der Vereinigung? Ist es das Zu-groß-Werden oder was?

Ich glaube, das ist ganz klar, es ist die Folge von »Wir sind wieder was!«, das größere Deutschland ist da, und in dem Augenblick schaut man schon auf das große Deutschland. Der mächtige Wirtschaftsgigant in der Mitte, der sich …

… Aber das sind doch dieselben Menschen …

… das sind heute ganz andere Menschen. Die wußten ja gar nichts voneinander, die jetzt da sind. Die heutigen Menschen gewinnen plötzlich Erfahrungen, an die sie nie geglaubt hatten. Wir alle dachten, die Mauer würde sehr, sehr lange stehen. Wer anderes sagt, der lügt. Wir alle glaubten, die zwei Staaten werden lange nebeneinander her existieren. Und plötzlich ist alles anders. Wir sind eben tüchtig. Wir haben es erreicht. Wir sind die Sieger. Und viele im Osten sagen auch: Ihr seid doch die Sieger. Damit ist das Land, dessen bin ich sicher, nicht fertig geworden. Daran haben wir zu tragen, und dem haben wir couragiert gegenzusteuern.

Wäre Ihnen eine reformierte DDR lieber gewesen?

Eine DDR im Sinne Rosa Luxemburgs, wo es Pressefreiheit, Versammlungsfreiheit, keine Zensur, keine Beeinträchtigung des freien Denkens gegeben hätte, und die dann auf eine Bundesrepublik zugegangen wäre, in der man das Gesetz des großen Staatsrechtslehrers der Weimarer Republik Hermann Heller berücksichtigt hätte: Entweder wird der liberale Rechtsstaat zu einem sozialen – oder man verzichtet um der Erhaltung ökonomisch mächtiger Gruppen auf Rechtsstaat und Demokratie. Eine solche Begegnung zwischen den einen und den anderen, die hätte ich mir fruchtbar denken können. Man hat mir oft vorgeworfen, ich hätte

den Satz geschrieben: Unter diesen Aspekten fände ich die Teilung sinnvoll, man begegne sich im europäischen Haus.
Ich stehe da heute noch dazu.

Hätte eine reformierte DDR ohne Kapitalismus, ohne kapitalistische Besitzverhältnisse, existieren können? Und wenn sie die bekommen hätte, hätte dann das, was Sie jetzt mit Rosa Luxemburg gemeint haben, noch Bestand gehabt?

Da bin ich nicht sicher. Wir dürfen uns von der Knebelung der Menschen im schauerlich entstellten real existierenden Sozialismus keine zu freundliche Meinung machen. Es war schon ein stalinistisches Regime, das da an der Macht war. Die Reform hätte gewaltig sein müssen.

Es geht um die Eigentumsfrage.

Ich glaube, daß wir heute wissen – siehe Eigentum vor Entschädigung –, daß das Sein vielleicht ein bißchen wichtiger ist als das Haben. Heinrich Böll hat immer wieder gesagt, daß der schauerlichste Satz, der sich auf diesem Felde denken läßt, lautet: Haste was, biste was. Nein, es sollte lieber umgekehrt sein.

Aber es ist so: Haste was, biste was.

Es ist so. Allerdings gibt es auch Gegenbewegungen, die man nicht unterschätzen soll, zumal in einigen kleinen nachdenklichen christlichen Kreisen – das sind nun wirkliche Minoritäten – unter dem Aspekt: Das letzte Hemd hat keine Taschen, und sei vor allen Dingen barmherzig den anderen gegenüber. Solche Gegenbewegungen hat es ja auch in der DDR gegeben, wo sehr viele Pfarrer sagten: Lieber wie der Herr Jesus auf der Schlingelbank als unter den Honoratioren neben dem Standortältesten und dem Bürgermeister in der ersten Reihe.

Der dritte Weg? Immer noch der dritte Weg?

Ich werde davon nicht ablassen und bin mit jedem Jahr gewisser: Man muß ihn gehen. Und wer heute die Schriften der Prager Reformer – das sind so meine Leitbibeln –, natürlich auch die Schriften von Ota Sik, liest: Mitbestimmung, Selbstbestimmung, das klingt ja alles gar nicht so furchtbar revolutionär, der sieht sich darin mehr und mehr – im Zeichen der Inhumanität des real existierenden Kapitalismus – in dem Gedanken an den dritten Weg bestätigt. Ich würde davon nicht ablassen.

Sind Sie ein ganz und gar ohnmächtiger Mensch?

Im Augenblick ziemlich. Lessing hat in dem berühmten Gespräch in »Ernst und Falk – Gespräche für Freimäurer« sinngemäß dazu gesagt: Wenn das Flämmchen der Aufklärung nur ganz wenig glimmt, muß man den Docht am Leuchten halten, denn wenn die Flamme erst einmal ausgepustet ist, ist es sehr schwer, sie wieder neu zu entzünden.

Das Pendel schlägt auch im intellektuellen Milieu Deutschlands derzeit erkennbar nach rechts aus. Ist das nur eine übliche, fast gesetzmäßige Reaktion auf den vorangegangenen Pendelschlag nach links oder ist der jetzige, der rechtsbetonte Ausschlag die Regel? Hat also Ihre Generation, geboren in den zwanziger und Anfang der dreißiger Jahre, als Orientierungsrahmen im Grunde nur eine Ausnahmeregel, eine Ausnahmesituation, eine Pause vom betont Nationalen erlebt, bewirkt durch die Niederlage Deutschlands im Krieg? Erleben wir jetzt das Normale, oder erleben wir nur den Pendelschlag, und es wird ein Zurück geben?

Zunächst einmal: So links hatte ich uns eigentlich nicht eingeschätzt. Wir waren immer bürgerliche Demokraten …

… Sie waren vielleicht nicht so links, wie es jetzt rechts ist …

… Eben. Wir waren nicht besonders links. Ich bin sehr stolz auf den Begriff Bürger. Ich bin ein linker Bürger, ein Radikaldemokrat. Ein radikaler bürgerlicher Demokrat, der danach strebt, die Prophetie der Französischen Revolution, Freiheit, Gleichheit, Brüderlichkeit, Schwesterlichkeit nicht nur vor dem Gesetz, sondern auch in Fragen des Eigentums, ein bißchen deutlicher zu markieren. Also, nicht sehr weit links, heute erheblich weit rechter.

Sie!

Ich bin nicht rechts.

Nur eine Frage: Hatten wir nur die Ausnahme, die Pause, weil die Leute wirklich geschockt waren durch die Niederlage Deutschlands im Krieg? Und da haben sie viel Zeit gebraucht, vierzig Jahre, bis sie sich reckten und der alte Adam und die alte Eva wieder zum Vorschein kamen. Also, ist ein Pendelschlag rechts-links und links-rechts die Regel oder ist das, was wir jetzt haben, die Regel?

Nein. Wenn wir das glauben würden, müßten wir unverzüglich hier nach einer Pistole rufen und …

… Das können Sie nicht tun, Sie sind praktizierender Christ …

… uns erschießen. Oh, es haben sich schon viele Christen in letzter Verzweiflung ermordet. Verzweiflung vor Gott gibt es auch. Aber ich denke, das Pendel ist im Augenblick vor allem unter einem Gesichtspunkt sehr weit nach rechts ausgeschlagen: Moral ist keine Kategorie mehr. Der Zynismus waltet vor. Gar nicht mal die nationalistischen Parolen, die der eine oder andere vertritt, darüber kann man hinweggehen. Das meine ich nicht. Noch nicht einmal die für mich gespenstische Renaissance von Ernst Jünger mit seiner Grundmaxime »Leben heißt töten«.
Nein, was mich am meisten bedrückt, ist der Verzicht auf die Absage an die Moral. Heinrich Böll, ein »guter Mensch« und ein »guter Schriftsteller«: Der schauerliche Begriff Gesinnungshysterie,

Gesinnungspoesie. Wer sich daran halten will, der muß zwei Drittel der Weltliteratur erst mal abschreiben. Diese Absage an die Moral, diese Absage an letzte, den Menschen bestimmende Werte, die ich auch als Schriftsteller und Intellektueller zu vertreten habe, die bekümmert mich am meisten. Ich glaube sicher daran: Auch dies ist eine Übergangsphase.

Können Sie die Moral ein bißchen in Worte fassen, damit nicht falsch verstanden wird, was Sie darunter verstehen? Unter der Moral, die derzeit notleidend ist?

Ich verstehe darunter, die Dinge aus der Perspektive von unten zu sehen, aus der Perspektive derer, die die Zeche bezahlen. Ich verstehe darunter, sich zu überlegen: Was kostet es die sogenannten Kleinen, wenn da oben Milliardenaufträge für die Rüstungsindustrie vergeben werden? Ich verstehe darunter, sich in die Gedanken einer Witwe aus der Oberlausitz hineinzuversetzen und die Frage nie aus den Augen zu verlieren: Was denkt ein Schichtarbeiter, was eine Rentnerin? Wir sind nicht die Bürger »draußen im Land«, sondern sitzen in der Demokratie auf den jedermann zugänglichen Plätzen. Wir alle gehören ins Schloß – und nicht Kohl und Co. Es muß Schluß sein mit dem »denn die einen sind im Dunkeln, und die andern sind im Licht, und man sieht nur die im Lichte, die im Dunkeln sieht man nicht«.
Achten auf diejenigen, die im Dunkeln leben, wie existieren sie mit einer Rente von 700 Mark? – und der Großneffe des Altbesitzers kommt und sagt: Du hast hier zwar, lieber Freund, immer ein bißchen für Nägel und Ziegel gesorgt, aber jetzt komme ich. Miete 300 Prozent höher. Wie lebt man da? Das frage ich unsere Leute in Lüneburg und Osnabrück. Angenommen, euch würde so etwas geschehen, ihr könntet in den alten »Bund der Heimatvertriebenen und Entrechteten« eintreten. Im eigenen Land enteignet. Das muß man sich mal vorstellen, diese Perspektive durchdenken.

… Das ist die Moral, von der Sie sprechen …

Ja, alle Dinge, die man anschaut, von unten her zu sehen. Aus der Perspektive der Leute, die Bestimmte sind und doch Bestimmende sein sollten. Es ist Moral für mich, jedes einzelne Ding so zu betrachten.

Setzen Sie, als ein praktizierender evangelischer Christ, nicht zu viele Erwartungen in diesseitige Möglichkeiten des Menschen, in seine Lernfähigkeit, in das, was menschenmöglich ist? Ist das nicht ein Widerspruch?

Nein. Alles, was ich hier vielleicht an Veränderungen bewirken kann, ist ja keine GLEICHUNG der großen Umwandlung aller Dinge, von der der Christ träumt, die seine Utopie ist. (Ein Christ ohne Utopie, den kann man gleich vergessen. Ein Mensch ohne Utopie ist ein amputierter Mensch, der eine Dimension eingebüßt hat, nämlich die Zukunft.) Also diese Umstülpung am Ende der Tage, da Christus wiederkommt, die gleicht natürlich nicht demjenigen, was hier bewegt wird, aber vielleicht ist es doch ein GLEICHNIS. Ich glaube, wir müssen zäh daran arbeiten, die Dinge hier ein klein wenig, ein ganz klein wenig, um ein Millionstel, der Bergpredigt ähnlicher zu machen. Dann haben wir viel gewonnen.

Wenn man sagt, das sei die Ideologie des Pragmatismus, und dann ist es vielleicht schon kein Pragmatismus mehr. Können Sie dem widersprechen?

Nein, ich würde nicht Ideologie sagen …

… das ist aber der Punkt …

… für mich ist es begründeter Glaube. Bloch sagt »vernünftige Hoffnung«, die eine Existenz bestimmt, anders könnte ich mir ein sinnvolles Arbeiten in der Gesellschaft nicht vorstellen.

Definieren Sie bitte, was Sie zum Deutschen macht, und was es für Sie bedeutet, ein Deutscher zu sein!

Ich liebe die deutsche Sprache. Ich habe in meinem Leben, wenn ich nachdenke, jedenfalls einen Erfolg gehabt: die Laudatio in Stockholm auf meine Freundin, die große jüdische Schriftstellerin Nelly Sachs. Ich sagte: »Wir müssen verhindern, daß Hitler uns das Letzte wegnimmt, was uns geblieben ist – unsere Sprache, die Sprache Goethes, Heines und Thomas Manns.«
Als ich das gesagt hatte, ging der bundesrepublikanische Botschafter Herr von Schmoller auf den ebenfalls anwesenden israelischen Botschafter Jakob Schimoni, der einmal Jakob Simon geheißen hatte und aus Berlin stammte, zu. Und sie, die bis dahin nur Englisch miteinander gesprochen hatten, redeten in der Sprache des Johann Wolfgang von Goethe. Da sagte ich mir: Es ist eigentlich nicht schlecht, ein Deutscher zu sein.

Sie gehörten zur »Gruppe 47«, dem losen Zusammenhalt der damals jungen westdeutschen Nachkriegsliteraten, die bald die führenden waren, wie der schon oft erwähnte Heinrich Böll und Günter Grass. Es waren Leute wie Sie, die sich politisch einmischen wollten. Sie waren als Intellektuelle, als Schriftsteller, als Künstler bereit, sich direkt auf die Demokratie einzulassen, haben Wählerinitiativen begründet. Ist es so, daß die jetzt tonangebenden Intellektuellen, etwa Botho Strauß, eher ins Elitäre drängen?

Ins Elitäre, nein, das denke ich nicht. Ins Allgemeine, ins Gefühlige, ein bißchen ins Blümeln, ins Dräuende, ins Tiefsinnige, für mich auch etwas ins Verschwommen-Kitschige, dem gegenüber bleibe ich lieber Kartesianer und halte mich an die Vernunft.

Kann man sagen, Botho Strauß ist ein Antiaufklärer?

Die Aufklärung ist so weit, daß in ihrem Bezirk viele Wohnungen sind, sagen wir vorsichtiger und behutsamer: Er steht sicherlich nicht auf dem Boden dessen, was wir Aufklärung nennen. Viele seiner Gedanken sind möglicherweise, wenn man sie ins Deutsche überträgt, durchaus brauchbar.

Kann er kein Deutsch?

Er fällt für mich zu sehr in jenen Bezirk, von dem Gottfried Benn einmal gesagt hat: »Des Deutschen liebste Heimat ist das Reich der Mütter.«

Lassen wir Botho Strauß. Sprechen wir von dem etwas eher Verschwommenen, dem etwas Heimeligen, dem eher etwas – Sie haben gesagt – zwar nicht ins Elitäre, doch aber in die Innerlichkeit Drängenden, sich Zurückziehenden. Wieder geht es um die Frage: Ist das eine normale Reaktion der Nachwachsenden, die inzwischen auch schon weit über Vierzig sind, auf Figuren wie Sie, die Sie Ihr intellektuelles Leben auf die Ratio, die Aufklärung gestellt haben? Ist es das, oder gibt es nach Ihrer Erfahrung – ich frage sehr zögernd – einen Hang der Deutschen, das Nüchterne, das Rationale nur in Ausnahmesituationen gelten zu lassen, es im übrigen aber ein bißchen mit der Gefühligkeit zu halten?

Es ist richtig, daß es diese Tendenz gibt. Aber man darf die Kluft nicht so markieren: hier Verstand, dort Gefühl. Es gibt einen Begriff, der noch im achtzehnten Jahrhundert außerordentlich gefühlsbestimmt war und der zwischen dem einen und dem anderen verbindet: Das ist der Begriff Vernunft. Vernunft ist in der Goethe-Zeit ein eminent emotional bestimmter Begriff, und auch als Rhetor glaube ich, daß das Lehren, das Magistrale, das Rationale, das Amüsante, das Entzücken, der Spaß, der Witz – Esprit ist den Deutschen vielleicht ein bißchen fremd – und das herzbewegende Pathos untrennbar zusammengehören. Und ich wehre mich dagegen, hier eine Kluft zu markieren: hier der Verstand und dort das Gefühl. Sie gehören zusammen. Wie das geschehen kann, haben die deutschen Aufklärer gezeigt.

Nun gibt es aber eine weitverbreitete Auffassung, daß wir das Ende der Aufklärung erreicht hätten. Es habe sich gezeigt, daß die Absicht, die Menschen durch ständige Weiterbildung des Verstandes, der Vernunft zu höher entwickelten Wesen zu machen, zu weniger fremdbestimmten, weniger manipulierbaren, zu mehr selbstbestimmten Wesen zu machen, daß dieses sich als irrig erwiesen habe. Zum Beispiel gegenüber dem Rauschhaften, das von den totalitären Lehren unseres Jahrhunderts ausgegangen ist. Sind wir am Ende der Aufklärung?

Wenn wir das glaubten, würden wir uns selbst aufgeben. Natürlich – wir kennen die Dialektik der Aufklärung. Die Aufklärung hat auch zu wahrer Instrumentalisierung des Verstandes geführt. Selbstverständlich stehen Sätze von Horkheimer und Adorno im Raum. Nicht instrumentelle Vernunft, sondern instrumentelle Ratio ist am Ende auch dort vorhanden, wo man den Wert der Haare und der Knochen jüdischer Leichen berechnet. Das ist leider selbstverständlich. Es gibt diese Form der Aufklärung, die sich selbst pervertiert. Aber als Aufgeklärte müssen wir aufklärerisch auch über die Aufklärung nachdenken. Und ich denke, da kommen wir doch relativ weit. Eine kleine, eine winzige Geschichte, die Bloch immer wieder erzählt hat: Der Herr von Wiltitz kam zu spät zur Kirche und fragte den Hütebuben: Was hat der Pfarrer gesagt? Und der Hütebube erklärte ihm wortwörtlich die Rede des Predigers. Daraufhin fragte der Herr von Wiltitz den Hütebuben: Mein Junge, wie heißt Du? Der Hütebube antwortete: Ich heiße Johann Gottlieb Fichte. Nun, Herr von Wiltiz sorgte für die Ausbildung des Hütebuben, der es einmal zu einem berühmten Philosophen und zum Rektor der Berliner Universität bringen sollte. Eine freundliche Geschichte? fragte Bloch. Nein – eine tieftraurige, denn wieviel Tausende von Hütebuben mag es heute noch geben – kleine Fichtes aus bescheidenem Milieu –, die nie auf einen Herrn von Wiltitz trafen. Und deshalb meine ich: In diesem Augenblick, wo Hunderttausende von hochbegabten jungen Menschen nicht zur Aufklärung kommen können, weil es ihren Eltern nicht möglich ist, sie so zu bilden, wie es nötig ist, da ist das Gerede vom Ende der Aufklärung wahrer Zynismus.

Angenommen, Sie wären nicht in Hamburg, sondern in Rostock geboren und in der DDR geblieben. Was wäre aus Walter Jens geworden?

Ein Mensch, der, da er ohne dieses Instrument, sein Asthmagerät, nicht leben kann, erpreßbar gewesen wäre. Man hätte ihm gesagt: Wenn du das und das nicht tust, dann wirst du keine Westmedikamente mehr bekommen. Ich kann das deshalb so frei sagen, weil ich meine Stasiakte gelesen habe: feindlich-negative Einstellung zur DDR, verkehrt nur mit feindlich-negativen, sprich christlich-aufsässigen Gruppen.
Ich habe keine Ehrenerklärung der Stasi nötig. Aber ich, der schwere Asthmatiker Walter Jens, denke oft daran, wie wäre ich in der DDR ohne Hilfe der westlichen Medizin durchgekommen? Und wäre ich nicht außerordentlich erpreßbar gewesen? Ich stelle mir oft die Frage.

Ich unterstelle, es gibt für Sie einen Unterschied zwischen Sozialismus und Faschismus. Können Sie ihn benennen?

Der Faschismus ist an seinem Ende angelangt, wenn er ganz bei sich selbst ist. Er ist im Ansatzpunkt auf weniger Demokratie, auf Unterdrückung von Minoritäten, auf selbstherrliches Pochen auf das Recht der Stärke angelegt. Der Sozialismus strebt im Ansatz nach mehr Demokratie, Selbstbestimmung, Befreiung. Er kann – und das haben wir erlebt, weiß Gott – im schauerlichen Stalinismus, in der Gulag-Zeit enden, aber er ist damit nicht bei sich selbst, sondern von sich selbst am weitesten weggerückt.

Sind Sie nach wie vor der Meinung, daß wir Sozialismus brauchen und haben werden?

Ob wir ihn bekommen, weiß ich nicht, daß wir ihn brauchen, denke ich schon.

Ist Sozialismus mit dem alten Adam und der alten Eva möglich? Oder ist es möglich, aus dem alten Adam und der alten Eva einen neuen Menschen zu machen?

Einen neuen Menschen ganz gewiß nicht. Das ist Mumpitz. Die Schöpfung eines neuen Menschen, das ist so ein Mumpitz wie die Verwechslung von Utopie mit wissenschaftlicher Voraussage dessen, was eintreten wird. Die Marxisten mochten die Utopie nicht. Von der Utopie zur Wissenschaft, hieß es. Aber das gibt es nicht. Nein, ich möchte, daß mehr und mehr Menschen, wie es zum Beispiel in Schweden ist, auch am Arbeitsplatz selbst bestimmen, wie sie am sinnvollsten tätig sein können etc. Das ist für mich ein Hauch von Sozialismus. Und ich gedenke, mich von diesem Wort so wenig zu trennen wie von dem Begriff Republikaner. Ich bin ein Republikaner und lasse mir die Bezeichnung nicht von einigen wildgewordenen extremen Rechten rauben.

Sie und Ihre Frau haben vor einigen Jahren in Tübingen amerikanische Deserteure verborgen, die nicht am Golfkrieg teilnehmen wollten. Warum haben Sie das getan?

Die beiden hatten den Wehrdienst verweigert, und sie waren uns anvertraut. Unsere liebe Zugehfrau sagte: Wissen Sie, die gehören auch zu jemandem, über die weint auch jemand. Er war farbig, sie war weiß. Sie hatte mit fünfzehn Jahren ihr Kind bekommen. Der Kindsvater war elendig krepiert. Diese beiden Menschen waren uns in der schlichtesten Weise anvertraut, und ich habe dem Richter gesagt: Ja denken Sie …

… es hat einen Prozeß gegeben?

Ja, schon zwei Prozesse. Und wir werden auch in Revision gehen. Selbstverständlich.

Was war das Urteil?

Wir wurden zu einer Geldstrafe verurteilt. Also …

… Sie haben dem Richter gesagt …

… Ich habe dem Richter gesagt: Glauben Sie denn, ich würde die beiden von meiner Tür weisen und dann zum Weihnachtsfest fromme Lieder singen? Es war kein Raum in der Herberge für ihn? Das denn wohl doch nicht. Ich habe an meinen Freund Heinrich Böll gedacht: Menschlichkeit. Ich halte mich daran. Jemanden verstecken, ja, das habe ich getan. Es ist das Mindeste, was man tun konnte, gemessen an dem, was Menschen in der Nazizeit getan haben: Nacht für Nacht jemanden versteckt halten, immer in Angst vor Entdeckung. Ein Millionstel haben wir getan, und das Millionstel kann man doch wohl erwarten, denke ich.

Sie sind Zeit Ihres Lebens ein Mann des zivilen Ungehorsams gewesen. Sie haben zum Beispiel 1984 an einer Sitzblockade vor einer amerikanischen Raketenbasis in Mutlangen teilgenommen, um die Nachrüstung zu verhindern, um gegen sie anzukämpfen, um zu demonstrieren. Dissidenten aus der DDR stehen heute hoch im Kurs. Sie sind in der Öffentlichkeit Deutschlands eher ins Abseits gerückt worden. Wie erklären Sie das?

Da widerspreche ich natürlich, wenn ich die Briefe ansehe, die mir tagtäglich geschrieben werden. Natürlich gibt es auch Beschimpfungen. Gut, daß einige wenige noch stehen und daß einige wenige, von denen man es erwarten kann, ein bißchen Courage zeigen und vielleicht auch ein kleines bißchen Vorbild sind, das kann man erwarten. Trotzdem: Ich glaube nicht, daß ich im Abseits stehe. Und wenn: Es würde mich nicht sehr tangieren. Der Begriff »Der ist ja weg vom Fenster« ist für mich ein verächtliches Votum. Nun, und es kommen vielleicht wieder andere Zeiten.

Sie haben im Laufe dieses Interviews zwei- oder drei- oder vielleicht sogar viermal gesagt: Wenn jenes wäre, dann könnte man doch dieses gar nicht mehr tun. Ich frage und vergröbere jetzt: Ein Festhalten an Optimismus, an Überzeugung, daß etwas bringt, was man tut, ist nötig, um es tun zu können. Fällt es Ihnen schwer zu sagen: Ich würde all das auch tun, wenn es gar nichts brächte?

Selbstverständlich.

Fiele es Ihnen schwer?

Nein, überhaupt nicht. Ich würde es ohne weiteres tun. Wenn ich jedesmal fragte: Hat das auch Erfolg? Setze ich mich damit auch durch? – dann brauchte ich gar nicht erst anzufangen. Selbstverständlich möchte ich Erfolg haben. Aber zunächst einmal muß ich ruhig sagen: Auch der Jens ist Skeptiker, er ist kein blauäugiger Optimist. Skepsis gehört zur Humanität, Angst übrigens auch. Solange Ödipus Angst hat, ist er gefeit, erst als er keine Angst mehr hat, ist er verloren. Ich bin auch ein ängstlicher Mensch. Und ich glaube, daß Angst zum Menschsein gehört. Nein, ich denke, daß ich mit Ruhe und Gelassenheit das tun muß, was mir – ich möchte hinzufügen – und meiner Frau (ich bin einer der letzten Anwälte der christlichen Einehe), besser: meiner Frau und mir für richtig erscheint, auch wenn es möglicherweise, ja vielleicht sogar wahrscheinlich nicht zum Erfolg führt.

Hatte für Sie – den 1923 Geborenen, dem der Zweite Weltkrieg, die Nachkriegszeit, die Einsichten in die Schrecken des Krieges Teile der Biographie sind – der Friede Vorrang vor der Freiheit?

Das möchte ich nicht trennen. Ich bin selbstverständlich ein Anwalt des Erasmus. Der vernünftige, der schöne Friede – ohne den gibt es nichts. Ich hatte das große Glück, daß ich auf Grund meines Asthmaleidens nie Soldat werden mußte, ich habe nie ein Gewehr in der Hand halten müssen. Ich habe deshalb dieser Krankheit immer auch meine Dankbarkeit gezollt. Nein, der Friede ist das Schönste. Ich bin ein entschiedener und praktizierender Pazifist. Aber die Ruhe kann auch zur Friedhofsruhe werden, der Friede zur Totenstille, und deshalb weigere ich mich, den Frieden und die Freiheit als Möglichkeit, dem Frieden in Selbstbestimmung zu dienen, voneinander zu trennen.

Aber die Situation, die historische, die politische kann verlangen …

… daß man sich zwischen dem Frieden und der Freiheit entscheidet?

Gibt es »Gerechte Kriege«?

Nein, die gibt es nicht. Der Krieg kann niemals gerecht sein. Im Kriege sterben die Unschuldigen. Es gibt keinen »Gerechten Krieg«. Est bellum justum: diese Theorie ist die verwerflichste, die ich mir denken kann. Ich entscheide mich für den Frieden, der die Freiheit befördert. Aber ich sage niemals: Diesen Frieden muß ich der Freiheit vorziehen, sondern der Friede dient dazu, die Freiheit zu entbinden.

Von allem, was unerledigt bleiben wird, was schmerzt davon am meisten?

Da wird man sorgfältig nachdenken müssen. Ich denke, die mangelnde Fähigkeit, sich zu erinnern und aus den Erinnerungen Konsequenzen zu ziehen, Konsequenzen, die – ich wiederhole es – ich nur dann ziehen kann, wenn ich alles, was mir begegnet, aus der Perspektive derer betrachte, die es weiß Gott schlechter haben als ich. Dieses nicht zu tun und jenes beiseite zu lassen, mit ansehen zu müssen, wie die Erinnerung in diesem Taumel des Hier und Heute zu versickern droht, das ist für mich das Schmerzlichste.

11. Oktober 1994

IN DIESEM VEREINIGTEN LAND MIT ALLER KRITIK NUN ANGEKOMMEN

HELGA KÖNIGSDORF. Geboren 1938 in Gera/Thüringen in einer eher großbürgerlichen Familie, Physikerin und Mathematikerin, Professur an der Akademie der Wissenschaften der DDR. Seit 1978 außerdem Schriftstellerin, seit 1990 freie Schriftstellerin. Mitglied der SED, in der PDS geblieben, später ausgetreten. Sie hat nachgedacht über das, was in der DDR und seit der Wende in Deutschland vorgegangen ist.

Schriftstellerinnen und Schriftsteller waren in der DDR wichtige Bezugs- und Orientierungspersonen der Gesellschaft. Kränkte es Sie als Schriftstellerin, daß Ihr Berufsstand im pluralistischen System, in dem Sie heute leben, anscheinend von geringerer gesellschaftlicher Bedeutung ist?

Zu mir kam 1990 bei einer Lesung eine Frau mit einem großen Blumenstrauß und bedankte sich für die Lebenshilfe, die ich ihr in der Vergangenheit gegeben hätte. Und sie sagte: Jetzt brauche ich Sie ja nicht mehr, Sie werden das doch hoffentlich verstehen. Das war natürlich etwas überraschend, und ich habe wirklich versucht, das zu verstehen. Ich möchte meine Antwort auf Ihre Frage in zwei Teile aufteilen: in das Prestige, das mit dem Beruf verbunden ist, und in die Aufgabe, die mit dem Beruf verbunden ist. Das Prestige ist tatsächlich geringer geworden. Das Prestige des Menschen wird ja nicht so sehr danach bemessen, was er leistet, sondern was er mit seiner Leistung verdient. Und Schriftsteller werden nicht sehr gut bezahlt. Diesen Prestigeverlust, diesen Verlust an Sozialprestige empfinde ich schon. Ich ertappe mich dabei, daß ich manchmal wieder meine wissenschaftlichen Titel gebrauche, was ich schon gar nicht mehr gemacht hatte. Und das schmerzt schon ein bißchen. Aber ich glaube, die Aufgabe, die wir als Schriftsteller an sich hätten, füllen wir bisher in keiner Weise aus. Sie ist noch größer als früher. Sie ist einfach sehr groß.

Ich möchte Sie zitieren. Sie haben in der frühen Wendezeit geschrieben, im Februar 1990: »Wir« – gemeint sind die Schriftsteller – »sind ein Teil des Volkes und zugleich sein Anwalt. Wir werden gebraucht. Gebraucht-werden deutet immer auf ein Defizit, sagen wir also: Wir werden wieder gebraucht werden, leider.«
Sie haben eben angedeutet, daß Sie eigentlich gebraucht würden, aber dieses Defizit ist derzeit verdeckt, und deswegen macht man von dem, was der Schriftsteller leisten könnte, keinen Gebrauch?

Ja, und wir selbst merken es auch nicht genug. Wir selbst werden dem auch nicht genug gerecht. Man muß jetzt einfach laut schreien, um gehört zu werden, und gleichzeitig die leisen Töne in seiner Literatur bewahren.

Woran liegt es, daß heute ein Schriftsteller dieser Aufgabe nicht gerecht wird?

Ich glaube, das liegt daran, daß diese Aufgabe generell noch nicht so klar erkannt wird, weder von den Lesern, noch von den Schriftstellern. Man muß jetzt selbst Bewegung sein. Früher konnte man mit einer Bewegung zusammensein. Man war mit den Lesern im Bunde.

Sie sprechen immer von den Lesern in der DDR?

Ja, in der DDR ...

... und von den DDR-Schriftstellern ...

… und von den DDR-Schriftstellern, weil Sie ja davon ausgegangen sind. Und jetzt muß man selbst Bewegung sein und kann natürlich auch völlig allein bleiben.
Ich sehe einen großen Angriff auf die Kultur. Die Kultur wird stark vermarktet, die Kunst wird vermarktet. Die Kunst wird eine Möglichkeit, Geld anzulegen. Etwas, was Geld bringt, wird zum Kunstwerk erklärt, und die Spitze wäre, wenn Geld selbst zum Super-Kunstwerk würde. Das ist ein Angriff auf die Kultur. Außerdem wird eine Massenkunst auf die Menschen losgelassen, die für die Einschaltquote und nicht für das Individuum produziert ist.

Klingt aus dem, was Sie sagen – und Sie haben die Wende doch durchaus begrüßt – Verbitterung?

Nein, gar nicht. Ich finde sogar, die Aufgabe, die vor uns steht, ist eine Herausforderung. Es ist einfach auch eine notwendige Auseinandersetzung mit der Zeit.

Verhalten sich die Schriftsteller aus der ehemaligen DDR in dem Sinne, wie Sie die Aufgabe definieren, oder verhalten sie sich derzeit falsch, sind sie zu sehr mit sich selber beschäftigt und nicht mit dem, was die Gesellschaft umtreibt?

Das zu beantworten ist ein bißchen schwierig: Ja. Sie haben sich zu lange mit sich selber beschäftigt. Man muß sich natürlich auch mit sich selbst beschäftigen. Das kann man nicht ausklammern. Man muß seine eigene Position wiederfinden, um sich selbst auch in seinem Werdegang zu verstehen. Es ist auch deshalb notwendig, um sich anderem zuwenden zu können.

Aber so, wie Sie sich als Schriftstellerin definieren, die in der DDR begonnen hat, gehören die gesellschaftliche Bindung und auch das gesellschaftliche Verantwortungsgefühl zur Arbeit, zum Werk des Schriftstellers. Es gibt allerdings auch genau gegenteilige Positionen, die den Schriftsteller per Definition zu einem Wesen machen, das nur seiner Innerlichkeit oder jedenfalls nur sich selbst verpflichtet ist. Halten Sie die gesellschaftliche Beziehung für etwas, das sich gerade auch im pluralistischen System behaupten muß oder wieder durchsetzen sollte?

Wir neigen immer zu Extremen. Ich glaube, die Wahrheit, das Richtige – wenn es das Richtige überhaupt gibt – liegt immer irgendwo im Kompromiß. Natürlich muß der Schriftsteller aus seinem Inneren und aus seinen Erfahrungen mit sich selbst schöpfen. Das Selbst ist ja das Experimentierfeld. Aber er wird automatisch durch sein Schreiben, durch die Reaktion auf sein Schreiben, durch seine Wirklichkeitseinbindung mit Vorgängen konfrontiert, bei denen er Verantwortung übernehmen muß.

Wenn ein westdeutscher Kritiker, ein Rezensent, aus dem, was Sie sagen, schlußfolgern würde: Die Helga Königsdorf ist gestrig geblieben. Würde Sie das schmerzen, wäre es Ihnen gleichgültig, oder würden Sie sagen: Dieser Kritiker täuscht sich?

Ich würde sagen: Dieser Kritiker täuscht sich. Aber natürlich hat ein Kritiker immer eine gewisse Macht.

Sie haben in einer Aufsatzsammlung, die im Jahr 1990 erschienen ist und aus der ich eben zitiert habe, als ich über die Funktion der Schriftsteller, über das Gebrauchtwerden sprach, einen Titel gewählt: »Aus dem Dilemma eine Chance machen.« Was drückt sich in diesem Titel aus? Bezieht er sich allein auf die damalige Umbruchsituation, oder könnte er als Motto über Ihrem ganzen Leben stehen, als Ausdruck einer Entschlossenheit, aus so gut wie allem, jedenfalls aus den Schwierigkeiten, noch den Ansporn zum Besseren zu nehmen?

Das haben Sie ganz schön gesagt. Das, finde ich, ist schon ein Prinzip bei mir, daß ich irgendwie versuche… Erfolg heißt für mich in erster Linie, mit Niederlagen fertig zu werden …

… Erfolg besteht darin, daß man mit einer Niederlage fertig wird …

... mit Niederlagen fertig werden, heißt aber, aus Niederlagen Schlüsse ziehen, Niederlagen zu analysieren und zu lernen und auch ein bißchen über sich lachen zu können.

Ich zitiere aus einem Diskussionsbeitrag von Ihnen, auch aus der frühen Wendezeit. Im Schriftstellerverband der DDR, Berliner Sektion, haben Sie im November 1989, wenige Tage nach dem Fall der Mauer, gesagt: »Die Menschen in unserem Land sind schöner geworden. Sie tragen den Kopf anders, mit einem neuen Selbstbewußtsein. Das Bedürfnis, Verantwortung zu übernehmen, ja, sich einfach zu nehmen, ist groß.«
Die Schönheit liegt im Auge des Betrachters. Was für Sie Erkennbares hat sich an dieser damaligen Schönheit, die Sie gesehen haben, verändert? Wenn sich etwas verändert hat, bedeutet das eine Niederlage, mit der Sie fertig werden müssen?

Ich glaube, die Schönheit lag nicht nur im Auge des Betrachters. Es war damals eine unbeschreibliche Aufbruchstimmung, ein illusionärer Moment. Solche Momente gibt es in der Geschichte. Ich halte es nach wie vor für ein großes Glück, so einen Moment miterlebt zu haben. Das ist aber immer auch ein illusionärer Moment, und es bleibt nicht bei diesen Schönheitsaugenblicken. Dann kommen der Alltag, die Mühen der Ebene wirklich wieder, und auch die »Macher« sind wieder da. Ob man das nun Revolution nennen möchte oder nicht, ist Geschmackssache. Es ist natürlich, daß die Revolution ihre Kinder in die Ecke stellt, früher wurden sie geköpft oder verbannt oder irgendwas. Die Kinder der Revolution sind nie dazu geeignet, die Sache später in die Hand zu nehmen. Das ist, glaube ich, gesetzmäßig. Weil eben die Illusionen da sind. Aber so ein illusionärer Moment ist etwas sehr Schönes, an das man sich gern erinnert.

Sind Sie traurig, daß sich die Schönheit nicht hat halten können?

Ich war zwischendurch sicher auch traurig. Aber ich bin doch zu sehr Realist, um nicht zu sagen: Enttäuschungen sind auch immer ein falsches Bild von Wirklichkeit. Und dann habe ich zu gern

Schwierigkeiten, habe ich zu gern Probleme und Aufgaben, und irgendwie finde ich, daß die Zeit jetzt auch schon wieder sehr herausfordernd ist.

Können Sie die Herausforderung, die Ihnen derzeit als die drängendste erscheint, in Ihrer Umgebung, in Ihrer Gesellschaft, in der vereinigten deutschen Gesellschaft, im ostdeutschen Teil davon, wie Sie wollen, können Sie die Herausforderung, die Ihnen die drängendste zu sein scheint, benennen?

Wenn ich die Prozesse der deutschen Vereinigung aus der Sicht der zukünftigen Aufgaben, die vor uns stehen, beurteile oder zu werten versuche, nicht aus der Vergangenheit, sondern von der Zukunft her, hat sich doch einiges gezeigt, was bedenklich ist, was mir Sorgen macht. Zum Beispiel eine mangelnde Konfliktfähigkeit und eine mangelnde soziale Innovationsfähigkeit und eine mangelnde Gesprächsbereitschaft, auch die mangelnde Fähigkeit, etwas in Frage stellen zu können, ein Mangel an kritischer Kultur. Das erscheint mir das Dringendste zu sein.

Worauf setzen Sie Ihre Hoffnung? Auf Zeitablauf, darauf, daß die jüngeren Leute die Probleme, für die die Älteren keine Konfliktfähigkeit haben, nicht mehr kennen und deswegen auch nicht an dem Mangel an Konfliktfähigkeit leiden? Ist das ein Zeitablauf, der das heilt, erhoffen Sie Heilung auf andere Art, oder sagen Sie: Wir werden lernen müssen, uns mit diesen ungelösten Konflikten und dem Mangel an Konfliktfähigkeit einzurichten?

Mit ungelösten Konflikten umzugehen, ist das erste, was nötig ist, aber man muß sich auch nicht mit ihnen abfinden. Das Sichabfinden würde zu einer Sterilität in dieser Gesellschaft führen. Das geht nicht; die Probleme werden uns zum Handeln zwingen. Wir werden so viele Konflikte haben, daß wir konfliktfähig werden müssen. Der Gang der Dinge wird uns dazu zwingen.

Sie sagen das so, als ob Sie – und das ist überraschend, wenn man die Schwierigkeiten Ihrer Existenz, Ihren Werdegang, Ihre Entwicklung bedenkt – ganz getrost dabei wären, diese Schwierigkeiten zu erwarten, und nicht in Ängsten?

Das ist für mich ein bißchen eine Frage der Haltung, nicht so sehr eine Frage des Glaubens, daß es gut oder schlecht ausgeht. Darüber möchte ich mir gar keine Gedanken machen. Ich möchte einfach die Hoffnung nicht aufgeben. Es ist auch eine Frage der Würde, wie man sich den Problemen stellt, die ohne Zweifel kommen werden. Ob man sagt, man wird hoffen, daß es doch Möglichkeiten gibt, diese Probleme, die auf die Welt zukommen, zu lösen und auch alles tun – oder ob man sagt, es hat doch keinen Zweck. Da bin ich lieber derjenige, der positiv denkt.

Sind Sie manchmal mißtrauisch gegenüber sich selber, gegenüber Ihren Gefühlen? Sind Sie im Laufe des Lebens mißtrauischer geworden, oder sagen Sie: Ich will es mir nicht nehmen lassen, hohe Erwartungen zu haben, auch was zum Beispiel die Umbruchsituation und die Schönheit angeht, selbst wenn ich weiß, daß die hohen Erwartungen mich trügen? – Es ist ein Interview zur Person, Frau Königsdorf.

Ja, ich verstehe. Ich bin immer wieder größenwahnsinnig. Aber ich bin auch immer wieder bereit, Fehler einzusehen. Ich habe ein bißchen Schwierigkeiten mit der Wirklichkeit, die habe ich eigentlich immer gehabt. Vielleicht, weil ich mit der gefühlsmäßigen Beurteilung der Wirklichkeit von Anfang an Schwierigkeiten hatte. Wenn man Wirklichkeit nur mit dem Verstand beurteilt, dann sind zu einer Beobachtung der Wirklichkeit mehrere Hypothesen möglich. Und man braucht schon das Gefühl, um sie zusammenzubinden, um sie zu verdichten.

Sie wollten eigentlich Germanistik studieren und haben Physik studiert, eine wirklich strenge Wissenschaft, und sich dann aus Ihrem ersten Beruf eine noch strengere erwählt, die Mathematik. Haben Sie eigentlich schon zu jener Zeit, als Sie Physik im Hauptfach studierten, als Sie Mathe-

matikerin wurden, dieses Bedürfnis gehabt: Zusammenbinden – den Sinn stiften muß das Gefühl?

Nein, damals nicht. Damals war ich doch durch diese berufliche Einbindung gar nicht dazu gezwungen.

Sie haben es nicht gebraucht: Als Sie es nicht gebraucht haben, haben Sie es nicht genommen!

Ich habe es nicht als Mangel empfunden. Aber beim Schreiben war das ganz anders. Da habe ich das Bedürfnis plötzlich gehabt, und es stark empfunden. Es war sogar so, daß ich eine Zeitlang, als ich noch geschrieben habe, das Gefühl hatte, ich wechsle zwischen zwei Existenzen hin und her. Das ging sogar soweit, daß bei der Änderung des Namens praktisch ein Umschaltvorgang in mir war.

Was meinen Sie, wenn Sie sagen: als ich nicht geschrieben habe?

Als ich noch beides getan habe.

Ich habe noch eine allgemeine Bitte um Auskunft, die wiederum zurückgeht auf die Wendezeit. Versuchen Sie zu berichten, zu erzählen, wenn das möglich ist, wie es Ihnen seit der Wende in Kopf und Gemüt mit dem Gefühl ergangen ist? Wenn Sie zurückblicken auf die Jahre: Welche Entwicklungen haben Ihre Empfindungen und Gedanken seither genommen?

Es war am Anfang ein merkwürdiges Auseinanderfallen von Verstand und Gefühl. Weil ich vieles vorgedacht hatte, habe ich ziemlich schnell versucht, das Neue vom Verstand her zu verarbeiten. Die Gefühle kamen hinterher. Es war ein sehr starkes Gefühl von Heimatverlust da. Es war mir so, als ob ich ein steiniges Land bearbeitet hätte, das nie geblüht hat, und dann kommt jemand und sagt: Ich lege dir jetzt hier einen großen Park an. Es war so ein Gefühl, daß ich irgend etwas verliere. Das ist, bei aller Einsicht, die der Verstand geliefert hat, natürlich doch auch ein Kummer gewesen. Ganz allmählich haben sich diese Gefühle verändert. Und jetzt habe ich das Gefühl: Ich bin hier angekommen in dem Land …

… in dem vereinigten Land …

… in dem vereinigten Land. Ich habe das Gefühl, ich kann mich hier einmischen, es gehört zu mir. In Thüringen sagt man: Kehr doch vor deiner eigenen Tür! Dieses vereinigte Deutschland ist jetzt vor meiner Tür. Das ist jetzt das, wo ich kehren darf, wo ich mich einmischen darf. Und das ist auch ein sehr schönes Gefühl. Aber kein leichtes Gefühl. Ich betrachte es als Aufgabe.

Haben Sie manchmal den Eindruck von Ohnmacht?

Manchmal, wenn ich schrieb, hatte ich das Gefühl, jetzt nicht mehr so, weil es sich schon geändert hat. Als die Leser am Anfang alle erst einmal die neuen Bücher gelesen haben, die ihnen so lange vorenthalten worden waren, oder die zu lesen sie auch keine Zeit gehabt hatten. Ich hatte auch keine Zeit zu lesen, so daß ich das verstand. Da hatte ich manchmal das Gefühl, ich schreibe in eine Leere hinein. Es war schon schwer, es war schon manchmal schwer, aber jetzt habe ich das Gefühl von Ohnmacht nicht mehr. Allerdings habe ich auch nicht das Gefühl von Macht. Ich habe nur das Gefühl von Machen. Ich mache etwas, und das ist mir wichtig. Und irgendwie ist das schon das Gefühl an sich.

Ist das Machen für Sie wichtig, weil Sie sagen: ich werde damit dem Auftrag gerecht, den ich mir selber gestellt habe mit meinem Leben, – oder ist es für Sie auch wichtig, weil Sie immer noch auf eine Wirkung hoffen, die über die persönliche Pflichterfüllung hinausgeht?

Erstmal habe ich großen Spaß am Schreiben, ich habe großen Spaß, über die jetzige Welt nachzudenken und meine Weltsicht wieder neu zu formieren. Es macht mir wirklich so viel Freude, daß ich zunächst sagen kann: Ich habe meinen Spaß daran gehabt. Aber ein persönlicher Auftrag ist natürlich auch ein bißchen dabei. Ich hoffe, eine Wirkung zu hinterlassen. Ob das eintritt oder nicht, ist vielleicht gar nicht so wichtig. Ich bin ja schon bei der nächsten Sache und hoffe, wieder eine Wirkung zu haben.

Es ist eine unfaire Frage, die zu beantworten vielleicht gar nicht möglich ist: Können Sie die Wirkung, auf die Sie hoffen, benennen? Welche Wirkung möchten Sie erzielen?

Ich möchte die Wirkung erzielen, daß die Menschen sich der Probleme bewußt werden, daß aus den Erfahrungen, die wir gemacht haben, Erkenntnis wird, die uns hilft, die Aufgaben der Zukunft zu lösen. Das klingt vielleicht sehr gewaltig. Es ist doch aber so, daß ich allein, wenn ich in meinen Erzählungen kleine Alltagsgeschichten festhalte, die im Geschichtsbild gar nicht vorkommen, schon diesem Zweck diene.

Sie wollen dazu beitragen und das soll die Wirkung sein, die Sie erzeugen, daß wir Menschen aus dem, was wir an Erfahrungen haben, etwas lernen.

Ja.

Nun gibt es Leute, ich gehöre in Grenzen dazu, die sagen: Ich kann nicht sehen, daß wir aus Erfahrung etwas lernen. Sie sagen das Gegenteil.

Ich glaube, daß das Wissen – es ist ja explodiert in den letzten Jahren –, daß das Wissen ein kollektives Wissen ist, das nur noch kollektiv verwaltet werden kann. Daß es also praktisch nicht mehr die Summe des Einzelwissens ist. Die Arbeitsteilung ist so vorangetrieben worden, daß die Arbeit eine kollektive ist. Technik, Information kann nicht mehr von einem Land allein organisiert werden. Und ich glaube, daß ebenso eine kollektive Vernunft entstehen muß.

Muß oder wird?

Muß. Ich hoffe, daß sie auch entstehen wird.

Wie halten Sie es mit der Religion, Frau Königsdorf?

Vielleicht ist es etwas Religiöses, daß ich glaube, es wird doch irgendwie gut ausgehen für die Menschen. Das ist vielleicht schon etwas Religiöses.

Glauben Sie an Gott?

Ich habe keine Religion in dem Sinne. Aber ein Gott ist nicht unbedingt notwendig, um ein religiöses Gefühl in sich zu haben.

Für so gut wie alles gibt es Ausnahmen. In der Regel gelten heutzutage die Männer und Frauen aus der DDR eher als tump, als naiv und hinterwäldlerisch, indes die Altbundesrepublikaner für weltläufig, abgebrüht, skeptisch und für geschulte Erfolgsmenschen angesehen werden. Nun zitiere ich wieder Helga Königsdorf aus dem Sommer 1990. Damals, die staatliche Einheit stand vor der Tür, der gesamtdeutsche Regelmensch zeichnete sich ab, schrieben Sie: »Plötzlich weiß ich, daß mir die Menschen, die nichts glaubten, die alles hinterfragten, diese etwas zynischen, aber hellwachen DDR-Bürger lieber waren. Das neue Bedürfnis nach Gläubigkeit ist mir unheimlich.« Ist Ihnen Ihre neue Gläubigkeit manchmal unheimlich? Das Bedürfnis nach der neuen Gläubigkeit, daß kollektive Vernunft vielleicht nicht nur entstehen muß, sondern auch entstehen wird – ist Ihnen das manchmal auch unheimlich?

Unheimlich ist mir das nicht. Ich glaube, man braucht eine Vision, unsere Gesellschaft braucht eine Vision. Eine Gesellschaft ohne Vision ist wie ein Organismus ohne Immunsystem.

War das denn so, wie Sie es im Sommer 1990, mitten in der Wendezeit, empfunden haben, daß nämlich die DDR-Bürger in der Regel alles hinterfragt haben, skeptisch waren und nun plötzlich das Bedürfnis nach einer neuen Gläubigkeit hatten? Oder war es nicht doch eher so, daß diese DDR-Bürger sich unauffällig gemacht haben, was ihr gutes Recht ist?

Zumindest war ein Unglaube da. Unsere Zeitungen hatten auch einen gewissen Wert. Man konnte sie von einer U-Bahn-Station bis zur anderen lesen, und dann konnte man sich den ganzen Tag darüber aufregen. Allerdings verloren auch Dinge, die wirklich wahr waren, an Glaubwürdigkeit. Es brauchte bloß über die Arbeitslosigkeit im Westen berichtet zu werden, verlor die Nachricht an Glaubwürdigkeit. Das war ein Seiteneffekt. Trotzdem – diese Ungläubigkeit Gedrucktem gegenüber ist erst einmal prinzipiell ein Wert.

Und diese Gläubigkeit wollen Sie jetzt nicht haben, sondern Sie sagen: Bleibt mißtrauisch!

Natürlich.

Manipulation gibt es in jedem System. Die raffiniertere Manipulation – ich glaube, das ist die unsere, aus dem pluralistischen System, das jetzt auch Ihr System ist –, die raffiniertere Manipulation tritt auf im Gewande des Nichtmanipulierens. Wie empfinden Sie den Unterschied zwischen früher und heute beim Manipuliertwerden?

Früher war es wirklich ganz einfach: Weil es dümmer, leichter durchschaubar war, ließ es sich irgendwie auch leichter abwehren. Heute ist es schwieriger, weil man es erst alles verstehen, erst alles begreifen muß. Aber wenn man es einmal durchschaut hat, kann man damit auch wieder umgehen.

Glauben Sie, daß die Menschen im pluralistischen System leichter zu betrügen sind, weil ihr Mißtrauen eher eingeschläfert wird?

Das ist jetzt keine Absage an das pluralistische System, aber sie sind tatsächlich leichter zu betrügen. Weil es schwieriger ist, alles zu durchschauen. Es geschieht ja auch so gesichtslos. Bei uns hatte die Manipulation immer Gesichter. Das ist so eine Frage. Da liegt ja auch die Herausforderung zum Beispiel an Schriftsteller, etwas, auch Werte, gegen diese Manipulation zu setzen.

Sie haben betont, daß nichts von dem, was Sie sagen, als Absage an das pluralistische System zu werten ist. Wir analysieren es nur und machen Gebrauch von einem Vorzug dieses Systems, daß wir das hier in aller Öffentlichkeit tun können.
Zu den Manipulationsmechanismen dieses Systems gehört nach meiner Einsicht, daß es Schuldgefühle vermitteln kann bei dem, der erfolglos geblieben ist. Jeder ist seines Glückes Schmied – und wenn du dir kein Glück hast schmieden können, such die Schuld erst mal bei dir selbst! lautet einer der Kernsätze. Ich glaube, daß unser jetziges System sich dadurch selber schützt, daß es dem Erfolglosen Schuldgefühle vermittelt, so daß der eher ruhig bleibt. Sehen Sie so etwas?

Das ist so. Die Vereinzelung ist überhaupt auffällig. Ich bin neulich in einem Park auf einem Volksfest gewesen. Es fiel mir auf, daß die Leute da ganz vergnügt waren, aber alle waren sie irgendwie einzeln. Sie kamen schon in festen Gruppen, aber diese Unbekanntheit, Fremdheit zwischen ihnen löste sich in keinem Moment auf. Man konnte mit ihnen auf der Parkbank sitzen, aber es kam kein Gespräch miteinander zustande. Das Beispiel ist vielleicht ein bißchen extrem, ich habe die Beobachtung auch zugespitzt. Aber es fiel mir doch auf, daß diese Vereinzelung, dieses Auf-sich-selbst-Gerichtetsein, sehr stark ist, und das ist – wenn man mal weiter verallgemeinern will – gerade in einer Zeit, in der man mehr kollektive Verantwortung braucht – brauchen wird – eben doch ein Problem. Darüber muß man nachdenken: das Wechselverhältnis zwischen dem Ich und dem Wir.

Sie glauben, daß das früher, wenn auch in einem geschlossenen, mit Zwang verbundenen Glaubenssystem der Ideologie, besser funktioniert hat? Oder war das früher Krampf?

Das ist nie so eindeutig. Es war auch viel Krampf, es wurde auch mißbraucht, aber es ist natürlich auch ausgefüllt worden.

Nicht alles hätte über Bord gehen sollen?

Ja, nicht alles hätte über Bord gehen sollen, aber das ist natürlich sehr schwierig, wenn man die Verhältnisse komplett ändert, dann verändern sich auch die Möglichkeiten komplett, die Strukturen. Das damals war natürlich auch in Strukturen eingebunden.

Sie sind das Kind einer, wie man sagt, bessergestellten, gutsituierten Familie. Ihr Vater war Unternehmer, hatte aber auch eine größere Landwirtschaft, die Großmutter väterlicherseits war Jüdin. Nach der barbarischen Kategorie des damaligen Deutschlands galten Sie als Vierteljüdin, als Mischling zweiten Grades. Sie haben Physik studiert im Hauptfach, haben aus der Mathematik Ihren ersten Beruf gemacht, haben sich habilitiert und wurden 1974 Professorin an der Akademie der Wissenschaften der DDR. Das war für eine junge Frau eine durchaus bemerkenswerte Karriere. Sie waren verheiratet, sind geschieden, haben zwei Kinder. Warum sind Sie Mitglied der SED geworden? Es wird immer gesagt, man mußte das tun, um Karriere zu machen. Die Karriere, die Sie gemacht haben, hätten Sie auch mit der Mitgliedschaft in einer Blockpartei machen können.

Ich kann mich fragen, warum bin ich nicht vorher Mitglied geworden, warum bin ich es gerade dann geworden? Ich bin ja ziemlich spät erst Mitglied geworden.

Wann sind Sie eingetreten?

1970 glaube ich.

Also warum?

Das hat zwei Gründe gehabt.
Der eine Grund war der, daß ich bestimmte Ziele hatte mit meiner Funktion. Ich hatte damals eine staatliche Leitungsfunktion, eine wissenschaftliche Leitungsfunktion übernommen. Ich habe eine wissenschaftliche Abteilung geleitet und wollte den Anschluß an das internationale wissenschaftliche Leben mit dieser Gruppe sehr schnell erreichen. Da brauchte ich einfach diese Mitgliedschaft,

weil man sonst irgendwelche Beschlüsse über seine eigene Arbeit dauernd im nachhinein serviert bekommen hätte.

Das war also doch ein Karrierefaktor?

Karrierefaktor klingt mir zu negativ. Ich hatte eine bestimmte Zielstellung, ich wollte was machen …

… und das war nach Ihrer damaligen Einsicht an diese Notwendigkeit gebunden?

Ja.
Der zweite Grund war, daß mir vorher dort immer Leute entgegengetreten waren, deren intellektuelles Niveau ich nicht schätzte. Jetzt aber war ein gewisses Niveau vorhanden. Es waren sehr interessante Leute da, und mit denen wollte ich gerne in der Diskussion sein.

In der Partei, in der SED?

In der Partei, ja. Ich hegte damals noch keinen prinzipiellen Widerspruch gegen das System, und da war das eigentlich nur ein folgerichtiger Schritt für mich. Ich bin dann später natürlich in Konflikte, in Widerspruch gekommen, vor allen Dingen durch das Schreiben.

Wenn Sie auf Ihre Zeit in der DDR zurückblicken: Haben Sie Schuldgefühle?

Nein, ich habe keine Schuldgefühle. Zur Wende war ich überrascht oder auch betroffen, sehr betroffen, daß auch mir das passiert war. Aber das war, weil wir so oft über die Vergangenheit gesprochen hatten. Daß mir das passiert war, daß ich von den ganzen Enthüllungen zwar so vieles wußte, aber nicht ins Bewußtsein hineingelassen hatte. Wir haben den Begriff von der Trauerarbeit. Trauerarbeit ist meiner Meinung nach nur sinnvoll, wenn sie auch mit Erkenntnisarbeit verbunden wird. Und wenn am Ende das schlechte Gewissen steht und nicht neues Wissen, so ist das für mich nicht sehr sinnvoll. Bei mir steht am Ende neues Wissen. Ich weiß auch, daß der Mensch immer einiges verdrängt, im Grunde verdrängen wir ja schon wieder.

Das wollte ich sagen. Das Verdrängen ist doch etwas offenbar vom System Unabhängiges. Es scheint etwas Menschliches und auch im jetzigen System vorhanden zu sein. Ich habe unlängst einen Brief von einem Ostdeutschen bekommen, in dem er mir schrieb, daß Zivilcourage heute für ihn schwerer zu bewerkstelligen sei als früher. Früher habe er abschätzen können, welche Folgen es haben würde, wenn er dies oder jenes tue. Wenn er es heute täte, verlöre er sofort seine überlebensnotwendige, wissenschaftliche ABM-Position. Also, sagt er, die Zivilcourage erfordere heute mehr Courage. Halten Sie das für die Verbitterung eines einzelnen, oder kann es sein, daß es einen solchen Trend gibt?

Erst einmal muß man ja die neuen Mechanismen kennenlernen. Ich wundere mich auch immer, warum alle sagen, man dürfe alles – und dann tun alle genau das, was sie dürfen. Es ist eine komische Sache. Aber das ist natürlich nur für einen Neuling komisch. Ich glaube schon, was uns fehlt, ist das Netz des Westens. Früher hatten wir als letzte Möglichkeit den Westen. Ich glaube, daß man heute völlig ins soziale Abseits geraten kann, ist die bedrohlichere Verunsicherung, die viel Angst macht.

Die Angst ist anders geworden, aber nicht kleiner?

Die Angst ist anders geworden, aber nicht kleiner.

Was ist Ihr Urteil heute über das, was wir Vergangenheitsbewältigung nennen, diesen Vorgang seit der Wende, aus dem man Erkenntnisse gewinnen kann und mittels Trauerarbeit gewinnen soll, weil sich sonst die Arbeit sozusagen nicht lohnt, ganz wertfrei gesagt. Sie, Frau Königsdorf, waren und sind sehr bereit zur Selbstkritik, zur Einsicht, wie Ihre Texte aus jener Zeit belegen. Warum läuft alles schief? Und es läuft doch schief?

Es folgt aus dem, was wir schon gesagt haben. Bewältigung ist ein sehr schlechtes Wort. Das hat immer etwas mit Gewalt zu tun. In Bewältigung steckt das Wort Gewalt. Wenn die Geschichtsbilder so flach sind, wie sie heute sind, dann kann man sowieso aus der Geschichte, aus der Vergangenheit nichts lernen. Ich glaube, man muß wirklich zurück in diese Alltagsgeschichte, die die Menschen gelebt haben, um etwas zu verstehen. Und dann muß man sich auch mehr mit den Aufgaben beschäftigen, die vor uns stehen. Wir haben doch eine große Erfahrung gemacht. Wir haben Aufgaben und die Strukturen einer Gesellschaft. Wenn die Strukturen mit den Aufgaben nicht übereinstimmen, nicht angemessen sind, dann nützt alles menschliche Bemühen nichts, dann können die Aufgaben nicht gelöst werden. Und darüber hätten wir uns heute auch Gedanken zu machen. Darüber müßte man viel mehr diskutieren.

Woran liegt es aber, daß wir das zu wenig tun? Sind wir alle zu vereinzelt, sind wir alle zu angestrengt, auf den Beinen zu bleiben?

Das kann sein. Es existiert aber auch so etwas, so eine Wende, in der es Schuldige und Richter gibt. Das verdirbt auch den Charakter, glaube ich, weil es dazu verführt, selbstzufrieden zu werden. Zur Selbstzufriedenheit ist heute aber überhaupt kein Anlaß. Daß man die eigenen Dinge nicht mehr genug in Frage stellt.

Sie sind nach der Wende, nach der Umwandlung der SED in die PDS, zunächst in der neuen Partei geblieben, sind dann ausgetreten, wieder eingetreten, haben 1990 für diese Partei sogar in aussichtsloser Position für den Bundestag kandidiert. Ist Ihnen – Sie sind jetzt nicht mehr Mitglied – ist Ihnen eigentlich eine solche Bindung ein Bedürfnis?

Das war merkwürdig. Ich habe es vorhin schon sachlich beschrieben. Es hatte etwas mit Zugehörigkeit zu einer Religionsgemeinschaft zu tun. Ich habe erstaunliche Dinge mit mir selbst erlebt, zum Beispiel daß sich diese emotionalen Bindungen sehr stark entwickelt haben. Das hätte ich von mir nie erwartet, von meiner Vergangenheit in der DDR her hätte ich das nie vermutet. Und ich habe gedacht: Es ist ja nicht so gewesen, wie es jetzt herausgestellt wird, daß alle in dieser Partei große Finsterlinge waren. Ich war ja mit jungen Leuten zusammen, die sehr kritisch nach Lösungen gesucht haben. Ich habe dort auch meine politischen Erfahrungen gesammelt, habe dort meine politischen Wurzeln gehabt, habe dort, in diesem Kreis, politisch zu denken gelernt. Und ich dachte schon, daß diese Leute in dem neuen Deutschland auch eine politische Funktion haben würden. Aber da war ich vielleicht zu ungeduldig. Ich bin auch als Politiker völlig ungeeignet, weil ich zu ungeduldig bin und zu unduldsam.

Aber Sie haben ein solches Bindungsbedürfnis gehabt, auch weil Sie gesehen haben, das sind gute Leute, und warum sollen die nicht mitwirken?

Ja, so war es. Es ist meiner Meinung nach eine Unterschätzung der Organisationsaufgabe, die in einer modernen Gesellschaft steht, wenn man sich der Führungselite total verweigert. Das kann man eigentlich gar nicht machen.

Sie hatten Ihren Beruf, Ihren Arbeitsplatz in der Akademie der Wissenschaften der DDR als Mathematikerin. Im Jahr 1978 haben Sie dann Ihren ersten Erzählband mit dem Titel »Meine ungehörigen Träume« veröffentlicht. Viele literarische Bücher sind seither gefolgt. Können Sie über das, was wir schon gestreift haben, hinaus erklären, was Sie aus der strengen Wissenschaft der Zahlen – Sie haben in Ihren Büchern spaßeshalber die Wissenschaft der Zahlokratie erfunden – in die Literatur, ins Freischweifende gebracht hat?

Eigentlich ist der Unterschied gar nicht so groß. Denn beide Disziplinen, die Literatur und die Mathematik, sind keiner speziellen Wirklichkeit verpflichtet. Man kann mit irgend etwas spielen in gewisser Freiheit und braucht sich scheinbar nicht um die Wirklichkeit zu kümmern. Und doch wird das, was man macht, natürlich nur dann interessant, wenn es für die Wirklichkeit wieder relevant wird. Im Prinzip ist es dann gar nicht so verschieden. Das eine siedelt nur auf der logisch abstrakten Ebene, das andere auf der Gefühlsebene.

Spaß hatten Sie an beidem?

Spaß hatte ich an beidem, aber an der Literatur habe ich mehr Spaß.

Von Anfang an?

Ja, ich habe sehr spät angefangen zu schreiben. Es war für mich wie eine …

… befreiende Geburt? …

… wie eine zweite Geburt. Eine Befreiung aus einer Einengung. Denn die Mathematik bedeutet natürlich auch eine Einengung.

Hat es eine besondere Rolle für Sie gespielt, daß Sie eine Frau sind, die zur Literatin wurde?

Vielleicht habe ich als Frau – das ist jetzt wirklich nur eine Hypothese – die Einengung stärker empfunden. Ich weiß nicht, ob das so ist, aber Männer empfinden es vielleicht auch.

Mathematikerin zu sein, konnte eine gute, sichere Deckung bedeuten. Literatin zu werden, hieß in der DDR – und nicht nur in der DDR –, sich ins Öffentliche einzumischen. Hatten Sie, um den Titel Ihres ersten Erzählbandes zu zitieren, ungehörige Träume von der Reformfähigkeit des real existierenden Sozialismus?

Zuerst habe ich wohl bloß Geschichten erzählen wollen, habe mich irgendwie nur selbst erweitern, mich selbst befreien wollen von der Einengung. Später kam dieses Bewußtsein hinzu, etwas machen zu wollen, etwas ändern zu wollen. Das ist dann auch die Gefahr, das Schreiben nicht überlebt. Da muß man immer dagegen ankämpfen.

Schreiben ist für Sie eine Lust, ein Spaß, das haben Sie gesagt. Ist es auch eine große Anstrengung oder ist es leicht?

Es ist eine große Anstrengung.

Worauf halten Sie sich etwas zugute, Frau Königsdorf?

Daß ich über mich selbst lachen kann.

Ich interviewe hier eine seit vielen Jahren schwerkranke Frau. Sie sind von der weithin noch unerforschten, sehr bösen Parkinsonschen Krankheit befallen, seit vielen Jahren. Was bedeutet der tagtägliche Umgang damit für Sie? Was bedeutet die tagtägliche Erfahrung, einer bösen, höheren Gewalt ausgeliefert zu sein?

Das muß man tagtäglich immer wieder annehmen. Aber man lernt es. Am Anfang ist es schwieriger. Das erste, was man lernen muß, ist, daß man die Krankheit als zu einem selbst gehörig annimmt. Daß man also nicht fragt, was wäre, wenn ich die Krankheit nicht hätte, oder warum gerade ich? Daß man das, was man nicht ändern kann, als Schicksal annimmt. Und dann, wir haben schon darüber gesprochen, versuche ich aus allem immer wieder das Positive zu machen. Da hat man dann auch einen Gewinn. Ich hab früher immer so ganz in der Zukunft gelebt, ich hab für etwas Künftiges gelebt, und jetzt hab ich gelernt, in der Gegenwart zu sein. Da wo ich bin, ganz da zu sein, und das empfinde ich als einen ungeheuren Gewinn. Einfach, weil ich mir keine so lange Zukunft ausrechnen kann. Ich glaube, daß man das Leben auch mit anderer Wachheit lebt, weil man die Kostbarkeit des Lebens irgendwie mehr spürt. Zum Beispiel fahre ich jedes Jahr ins Gebirge. Und manchmal habe ich schon gedacht, ich fahre zum letzten Mal. Und dann habe ich das anders genossen, und jetzt ist es eigentlich jedes Jahr zum letzten Mal. Das ist auch toll. Es ist auch so, daß man, glaube ich, lernt, mit den anderen Menschen umzugehen, daß man die Bereitschaft zu helfen lernt, aber auch, sich nicht zu strapazieren. Das lernt man über diese lange Zeit. Das ist auch nicht leicht.

31. Mai 1994

IHN ZU BEKEHREN, WIRD KEINER SCHAFFEN

Hermann Kant, geboren 1926, ist ein bedeutender deutscher Schriftsteller, und er war ein hoher Kulturfunktionär der DDR, Präsident des Schriftstellerverbandes. In dieser Funktion gehört er zu den umstrittensten Personen seit der Wende. Es gibt wenige Menschen, die so viel Feindseligkeit auf sich ziehen und an denen sich die Geister so sehr scheiden.

Ich zitiere Hermann Kant aus einem Interview 1991, also nach der Wende: »Ich würde niemals wieder irgend eine Art Verbandsfunktionär im Bereich der Schriftstellerei werden. Niemals.« Was spricht da aus Ihnen vor allem, Herr Kant? Eher Einsicht in begangene Fehler oder eher Bitterkeit über vergebliche Mühen?

Sicher beides, denn natürlich weiß ich ganz genau, ich hätte eine ganze Menge vermeiden können an Widrigkeiten, wenn ich die Funktion nicht ausgeübt hätte. Andererseits weiß ich auch, ich hätte einiges mehr beschicken können, wenn ich sie nicht ausgeübt hätte und dann schließlich, daß im Nachhinein sich eine Sache, von der ich meinte, sie sei ganz nützlich für diesen und jene, darstellt, als sei ich da im Hauptvorstand der Tyrannei gewesen. Das kratzt mich natürlich an der Sache ganz schön. Und letzten Endes ist es so, man weiß, man hat noch ein bißchen Zeit, und die soll man dann auch für die Hauptsache selbst nutzen.

Sie haben, wir werden darauf noch kommen im Verlauf dieses Interviews, jetzt geantwortet im Sinne von: Vielleicht habe ich manches nicht tun können als Schriftsteller, was ich gerne getan hätte, rückblickend, aber ich beharre darauf, ich habe es gut gemeint. Spricht daraus ein Trotz, weil

Sie sagen, was bleibt mir denn übrig, ich kann ja nicht alles verbrennen, was ich getan habe?

Auch Trotz gehört in eine Lage, wie die, in der ich bin. Aber nein, es geht mir um doch etwas ganz Grundsätzliches, nämlich: Ich war davon überzeugt, dieser Schriftstellerverband ist eine Einrichtung, von der sehr viele Leute sehr viel hatten, nämlich alle Leute, die an Literatur interessiert waren – ob Leser oder Schreiber. Dies nun im Nachhinein zur Galeere umstilisiert zu erleben, das sagt mir, dann laß doch künftig die Finger davon. Ansonsten ist es natürlich auch ein bißchen blanke Koketterie, weil doch kein Mensch auf die Idee käme, mich jetzt in ein Amt zu bitten.

Als Präsident des Schriftstellerverbandes der DDR seit 1978, wo später ein Sitz im Zentralkomitee der SED hinzukam, waren Sie ein mächtiger Mann. Aber in Ihrer eigenen Darstellung haben Sie sich fast verwundert gegeben – so habe ich jedenfalls diese Stelle in einem Buch von Ihnen verstanden –, als Stephan Hermlin Ihnen einmal zurief: Du bist ein mächtiger Mann. Haben Sie diese Macht nicht sehen wollen, die Sie haben, wollten Sie sich davon distanzieren durch eine Art gespielte Naivität? Sind Sie kokett umgegangen mit den Möglichkeiten, die Sie hatten?

Zunächst mal war die Reaktion von der Tatsache her gesteuert, daß Hermlin es sagte. Hermlin war mir immer so gut wie die wichtigste Person. Von ihm etwas zu hören, daß in meinen Ohren pejorativ klang – ein mächtiger Mann hieß immer einer, der eigentlich mehr oder minder mißbraucht, was ihm zur Verfügung steht, das wollte ich nicht sein. Dann hatte ich außerdem mein Personal für diesen Begriff; ich hatte schon ein paar Vorstellungen von mächtigen Leuten und war wirklich verdattert. Ich war verdattert und auch bekümmert. Dann, im späteren Nachdenken über diese Äußerung, habe ich natürlich eingeräumt: Ja, das stimmt, das war positiv wie negativ manchmal schon eine Sache der Macht. Man konnte wohingehen und Krach schlagen, und man konnte anderen Leuten auch ganz gehörig auf den Docht gehen.

Schriftsteller, die Sie aus Ihrer Zeit als mächtiger Mann kennen, leugnen nicht, daß Sie manches Gute getan haben, sagen aber auch, er war gerne mächtig, hat sich in der Nähe der Macht, der noch größeren Macht wohlgefühlt, und er hat aber immer so getan, als ob er gar nicht mächtig sein wollte. Das heißt, daß, was Sie jetzt wiederum gesagt haben, ist das, was – wie ich aus der Vorbereitung auf dieses Interview weiß – vielen an Ihnen mißfällt. Weil sie sagen: Er tut so als ob, aber in Wahrheit hat er sich gerne bei der Macht aufgehalten.

Das ist nicht so ganz richtig. Ich habe doch sehr bald gemerkt, daß die Macht es gar nicht so gern hatte, daß ich mich bei ihr aufhielt. Ich war ja doch immer ein störender Aber-Sager bei der Ausübung der Macht.

Aber Sie haben am Ende ausgeübt und funktioniert.

Moment. Ich sah doch nicht in den Mächtigen mir entgegengesetzte Leute. Das konnte nicht einmal bei Ulbricht der Fall sein. Bei Honecker schon gar nicht. Das waren für mich keine mir entgegengesetzten Leute, sondern es waren Leute, an anderen Enden und Ecken dieser Gesellschaft, natürlich mit Macht ausgestattet, ganz anderer, als ich sie besaß. Aber das, was in diesen Kommentaren aufscheint, deutet nach meiner Ansicht an, ich hätte mich mit den falschen Gesellen freundlich gestellt, um wohl zu leben. Das ist alles Blödsinn. Ich habe, das ist sofort einzuräumen, es manchmal genossen, etwas richten zu können.

Aber Sie sagen, die Macht als solche, das war mir einerlei.

Nein, das sage ich nicht. Ich habe nicht über sie nachgedacht. Ich bin nicht zur Abstraktion meiner Situation vorgedrungen in diesem Punkte, sondern ich habe gemacht, was nötig war, was mir nötig schien, habe da entweder Widerstände oder Beifall bemerkt. Das war's.

Stimmt es, daß Sie einmal selbstkritisch von sich gesagt haben, Sie verfügten über die Gabe einer entsetzlichen Beredtsamkeit?

Ja, das ist ein leider sehr zutreffendes Wort. Ich glaube, ich habe es im Zusammenhang mit einem Kranken gesagt, aber es stimmt ja auch für den Gesunden. Es ist schon so, und ich habe beim Schreiben zum Beispiel ein Stadium, das nenne ich das Formulierium tremens, das ist, wenn ich alles und jedes aber noch etwas besser sagen möchte, als man es gemeinhin sagt. Ob das nun unbedingt ein Nachteil ist für jemanden, der mit Wörtern zu tun hat, weiß ich nicht. Aber es ist so. Für andere ist es entsetzlicher als für mich. Und manchmal konnte ich mich gar nicht hören.

Bei welchen Gelegenheiten konnten Sie sich nicht hören?

Zum Beispiel ... Jetzt ... Ich komme darauf, als einem Tiefpunkt meines Werdeganges. Ich weiß noch ganz genau, daß ich in dieser berühmt, berüchtigten Verhandlung in dem Roten Rathaus ...

... 1979 ...

... ja, daß ich mir da zuhörte, und daß ich es als unangemessen und unangenehm empfand, welche Töne ich anschlug. Ich hätte, ich wollte – das sind nun so fromme Wünsche –, aber ich hätte schon damals lieber einen sachlicheren Ton geführt, und das Wohlgefallen an der treffenden, im doppelten Sinne treffenden Formulierung war mir verdächtig in dem Moment, wo ich diese Formulierung benutzte.

Dies Interview ist in den ersten drei, vier Fragen, die ich jetzt gestellt habe, und in Ihren ersten Antworten wiederum gekennzeichnet von einer Beredtsamkeit, wofür ich dankbar bin, ein beredter Interviewpartner ist besser als ein wortkarger. Aber könnte es sein, daß Sie immer auch der Gefangene Ihrer Beredtsamkeit sind, und daß darin ein Sich-Verbergen und ein Ausweichen vor Wahrheiten liegt? Daß dann, wenn Sie sagen, wenn ich jetzt nachdenke, über das, was ich seinerzeit 1979, als es um den Ausschluß von neun mißliebigen Schriftstellern aus dem Schriftstellerverband der DDR ging, daß dieses jetzt eine kleidsame Beredtsamkeit ist? Gibt es irgendwann einen Hermann Kant, der sagt, ganz ohne Beredtsamkeit: Das bedaure ich?

Ja, den gibt es. Aber ich bin jemand, der ein bißchen zu sehr von den Echos weiß, auf das, was er gesagt hat, und darauf nicht immer scharf gewesen ist.

Was heißt das?

Das heißt: Wenn ich eine Sache heute kritisch anfasse, höre ich entweder, er klagt, oder: er ist ein Betonkopf und hat imer noch nichts begriffen. Beides geht häufig an der Sache ganz vorbei. Aber zu dieser Beredtsamkeit will ich mich nach wie vor bekennen. Sie ist sicher manchmal ein Schutz, aber sie ist ja, wie wir alle wissen, natürlich nur ein brüchiger Schutz.

Zur Person Hermann Kant: Geboren am 14. Juni 1926 in Hamburg als Sohn eines Gärtners. Der Vater wird dann Gartenarbeiter bei der Stadt. Später – 1933 – wird er von den Nazis entlassen, weil er nicht aus politischer Überzeugung, sondern aus Freundschaft für seinen kommunistischen Kollegen eingetreten ist, den die Nazis maßregelten. Der Vater hat dann die Familie als Straßenfeger durchgebracht. Hermann Kant lernt Elektriker. Ein Handwerk, in dem er noch die Gesellenprüfung ablegt, bevor er kurz vor Kriegsende Soldat wird. Sie, Herr Kant, geraten 1945 in polnische Kriegsgefangenschaft, in der Sie in einem Lager in Warschau bis zum 31. Dezember 1948 bleiben. Das heißt, 1949 sind Sie frei. Später, in der DDR, 1977, haben Sie Ihren international wohl berühmtesten, in Teilen autobiografischen Roman geschrieben über eben eine solche Gefangenschaft – Titel »Der Aufenthalt«. Inhalt: Ein junger deutscher Soldat wird mit einem Kriegsverbrecher verwechselt und mit solchen zusammengesperrt, bis der Irrtum sich aufklärt. War die Wurzel Ihres starken politischen Engagements, das Sie gleich nach Heimkehr nach Deutschland 1949 durch den Eintritt in die SED bekundeten, zunächst nach dieser Erfahrung eine antifaschistische?

Ja, zweifellos.

Eher antifaschistisch als kommunistisch?

Ja, durchaus. Ich bin ja aus dem Gefängnis in Warschau in dieses Lager in Warschau gekommen, im ehemaligen Ghetto, und habe mich sofort betätigt als jemand, der nun anfängt zu reden. Aber es war ein antifaschistisches Reden. Man saß doch nicht folgenlos in diesem Geröll. Natürlich und erst im Laufe dieser Zeit kamen Erinnerungen an etwas Früheres, Verwandtschaft etc. Nein, ich war ein Antifaschist und bin deswegen umso entsetzter gewesen, als man später hierzulande mit diesem verordneten Antifaschismus daherkam.

Was hat Sie vom Antifaschisten weitergebracht oder nicht weitergebracht, sondern in eine bestimmte Richtung gebracht zum Kommunisten?

Daß ich aus der Ablehnung dessen, was ich inzwischen zur Kenntnis nehmen mußte als durch meinesgleichen geschehen, ins Fragen überging: Wie kommt das zu dem? Und daß ich anfing nachzulesen und auch das Glück hatte, an ein paar sehr gescheite, übrigens außerordentlich beredte Leute zu kommen, die mir Zusammenhänge – ein Hauptwort meines jetzigen Daseins, meines schriftstellerischen vor allem – erklärten. Ich habe irgendwo mal eine autobiografische Auskunft geben müssen, da habe ich gesagt: Ich habe es einfach gehabt.

Wodurch hatten Sie es einfach?

Weil die Umstände derartig preßten und zwangen. In einem Buch steht zu lesen, Hundekuchen ist sozusagen dem Schreiben förderlich – so etwa dem Gedanken nach. Ich habe tatsächlich eine Weile von Hundekuchen leben müssen, und ich bin dann dahintergekommen, daß andere Leute leider gar keinen Hundekuchen hatten. Man hat ihnen alles entzogen. Darüber wollte ich nun ein bißchen Bescheid kriegen. Und das habe ich versucht herauszufinden.

Rechtfertigt sich für Sie immer noch Stalinismus, weil er antifaschistisch war?

Das muß ich zunächst auch einmal ganz persönlich nehmen. Wenn es nach den Taten gegangen wäre, als deren Begleiterscheinung ich in Polen in Erscheinung trat, dann hätte man mich ja ohne weiteres umbringen dürfen. Das also war bei diesen Millionen Toten eigentlich erlaubt. Daß man es nicht getan hat, hat mich sehr ins Stutzen gebracht. Ich habe darüber nachgedacht. Jener Stalin war der Oberste von all denen, die mich gefangen hielten. Er hat nicht verhindert, daß sie mich nicht umgebracht, sondern statt dessen geheilt haben. Ich war ja ein sehr versehrter Mann; man hat mich aus dem Beinahe-Tod wieder ins Leben geholt. Auch das war für mich natürlich mit der Überschrift »Stalin« versehen. Daß dann anderen Leuten viel, viel Schlimmes geschehen ist unter demselben Namen, habe ich im Laufe der Zeit zur Kenntnis nehmen müssen und mich dementsprechend auch davon abgewandt. Aber ich kann es nicht so einfach machen.

Ihr erster Roman »Die Aula«, 1965 erschienen, beschreibt die Entwicklung von Studierenden an einer Arbeiter-und Bauern-Fakultät, einer Einrichtung, mit der die junge DDR nach 1949 eine Bildungsschicht aus Söhnen und Töchtern bisher unterprivilegierter Klassen der Gesellschaft heranziehen wollte. Sie selber, Herr Kant, waren ein solcher Student in Greifswald. Danach haben Sie Germanistik an der Ostberliner Humboldt-Universität studiert, waren eine Zeit lang Assistent und Parteisekretär der SED am Institut für Germanistik an der Humboldt-Universität. Dann haben Sie als Redakteur gearbeitet, und schließlich wurden Sie von Berufs wegen Schriftsteller. Sie wurden auch bald von Berufs wegen im Schriftstellerverband ein Kulturfunktionär. Sie wurden als Schriftsteller immer berühmter, auch international, als Kulturfunktionär stiegen Sie immer höher, wurden immer wichtiger. Waren Sie immer ganz sicher, was Ihr Hauptberuf war?

Wenn ich vor der Rentenbehörde erklären sollte, würde ich sagen, es war ja ganz einfach. Die Ämter waren Ehrenämter. Das war ich nicht von Berufs wegen. Aber natürlich haben sie mich derartig eingesackt, daß manchmal die Gefahr da war, daß für den Schreiber nichts mehr übrig blieb. Da habe ich mir sehr rasch vorgesetzt: Wenn dieser Konflikt sich mehr als einmal meldet, dann entscheidest du dich auf jeden Fall für den Schriftsteller.

Das haben Sie aber nicht getan.

Ich habe es nicht getan. Ich habe einige kräftige oder zarte – das kann man halten, wie man mag – Ansätze gemacht und immer diese blöde, absolut überhebliche Ausrede gefunden: Wenn du das läßt, dann pfuschen die hier rum. Der Verband ist vor meinen Augen wirklich zurückgekippt in eine andere Geschichtskiste, nachdem ich ihn eine Weile verlassen hatte. Und da bin ich wieder dazugeeilt, natürlich in der Meinung, ich bin der Retter. Ich war kein Retter.

Aber Sie haben sich dafür gehalten?

Ja, ich habe dann eine Weile gedacht, das bin ich.

Sie hängen an einer Ideologie, sage ich jetzt, deren Parteibild sagt, Disziplin, Parteidisziplin tut not, ist notwendig, anders geht es nicht. Und Sie haben das eben wieder für mich, für mein Verständnis aus Ihren Antworten so gesagt. Könnte es sein, daß diese Art von Parteidisziplin, die Sie geübt haben, praktiziert haben, der Sache, für die Sie es taten, weniger bekömmlich war, als es eine Disziplinlosigkeit, ein Widerspruch, mehr als Sie ihn geleistet haben, ein öffentlicher Widerspruch, ein Rücktritt, von mir aus ein dramatischer Rücktritt, getan hätten? Haben Sie der Sache mit der Überzeugung und vielleicht auch mit dem Sich-Selbst-Einreden: Ich muß Disziplin üben! eher geschadet, als Sie mit Disziplinlosigkeit ihr genützt hätten?

Das glaube ich nicht. Erstens gab es genügend disziplinlose Leute. Da mußte ich nicht auch noch dazukommen. Es war eigentlich weniger die Regel, daß unter den Schriftstellern nun einer kam und sagte: Ohne Disziplin kommen wir hier nicht klar. Es ist schon wahr, Sie haben völlig recht, es hat natürlich diese Auffassung von Disziplin in der Tat mit allen möglichen Entscheidungen zu tun.

Aber ich kann nach wie vor – natürlich kann ich jetzt billig sagen, ach hättest du doch das und dies... – aber darum kann es Ihnen doch wahrscheinlich gar nicht gehen, sondern es geht Ihnen, wie ich das verstanden habe, darum, ob es nicht wirklich sachlich richtiger gewesen wäre, meiner Sache gedient hätte, die ich verfochten habe. Und da sage ich: Ich muß das wohl für möglich halten. Ich habe es aber die ganze Zeit nicht so gesehen.
Für mich war diese einfache Formel Wer – Wen, die natürlich heute in die Betonabteilung geordnet wird, eine Erfahrung meines Lebens. Ich sah nicht, daß man sich gegen andere Leute, die wohl organisiert sind, ohne Organisation und ohne für Kämpfe formiert zu sein, zur Wehr setzen könnte.

In der Zeit, in der ich Ständiger Vertreter der Bundesrepublik bei der DDR war, muß ich sagen, habe ich immer Botschaftern, die ins Land kamen und Antrittsbesuche machten, wie das üblich ist, zwei Bücher empfohlen, wenn sie die DDR, der Staat, in dem sie akkreditiert wurden, verstehen wollten und gut genug Deutsch konnten. Das eine war »Die Aula« von Hermann Kant, und das andere war von Erich Loest »Es geht seinen Gang«. Haben Sie wahrgenommen, Herr Kant, wie sich diese Aula-Generation, die Arbeiter- und Bauern-Fakultät-Generation, die man überall in mittleren und höheren Funktionen in der DDR antreffen konnte, diese Generation im Älterwerden und im Funktionieren, in ihrer Mehrheit, ganz und gar menschlich, veränderte, Idealismus und Elan sich auflösten in Routine und Karriere? Oder haben Sie davor die Augen verschlossen?

Im Gegenteil. »Die Aula« erzählt unter anderem eine Geschichte dieser Art. »Die Aula« polemisiert ja gegen die Haltung »Es ist erreicht«, diese Sätte-Gefühle, die sich nun als verordnete Gefühle durchsetzen sollten. Nein, das habe ich sehr wohl gesehen. Ich sehe es heute natürlich andererseits mit außerordentlichem Wohlgefallen, daß sich über alle möglichen Änderungen und Fährnisse immer noch Leser bei mir einfinden, die von ihrem Erlebnis der späten Konfrontation mit einem Bildungsvorgang, dem sie eigentlich gar nicht gewachsen waren, immer noch zufrieden reden.

Mein Leben, sage ich Ihnen, ist besetzt mit lauter Figuren aus dieser Zeit. Der Mann, der mich wirklich vorm drohenden Tod gerettet hat, war ein ABF-Student aus Greifswald ...

... der Mediziner geworden war inzwischen ...

... der war Mediziner geworden. Der Mann, der mir jetzt hilft, daß ich in meiner Hütte leben kann, ist ein alter Freund von mir aus der ABF-Zeit. Wenn Sie den Nowojski nehmen, der die Klemperer-Sachen gemacht hat, diese hervorragenden Dinge, es ist ein ABF-Mensch, mit dem ich zusammen studiert habe. Das heißt, die sind immer noch da.

Ich komme noch einmal, zumindest am Rande, auf die Disziplinfrage. In »Der Aula«, ein Buch, das ich empfohlen habe, wie ich eben sagte, ist es aber doch so: Da gibt es einen Parteisekretär, der nicht gut tut. Und das ist couragiert, daß der Autor Kant einen Parteisekretär in seinem Roman vorführt, der nicht gut tut, dann aber, im letzten Drittel steht, daß der Parteisekretär nicht Parteisekretär geblieben ist. Das heißt, es ist ein Widerspruch, den Kant in seinen Büchern öffentlich anmeldet, den er aber am Ende immer im Interesse der Sache wieder glättet. Der Parteisekretär ist dann nicht mehr Parteisekretär. Viele Parteisekretäre sind aber Parteisekretäre geblieben. Das heißt, es war ein Widerspruch bis zu einem bestimmten Punkt. Bis zu dem Punkt, wo Sie gesagt haben: Danach, hinter diesem Punkt, würde ich der Sache schaden. Ist das korrekt?

Das dürfte so sein. Aber ich bitte doch zu beachten, daß es nicht jeden Schreibers oder jeder Schreiberin Sache war, auf diese Mängel hinzuweisen, sondern die haben etwas davor angehalten. Und da finde ich mich schon ganz ordentlich. Daß ich ansonsten solche Lösungen vorzog, hatte natürlich auch etwas von Wunschdenken. Ich wollte es gerne so.

Können Sie etwas anfangen mit der Behauptung, Hermann Kant sei der Gustav Gründgens der DDR-Kultur gewesen?

Na ja, wenn ich da erst mal wegräume, was natürlich an Protest sofort in mir aufbrüllt und ich einfach setze, daß niemand annehmen kann, ich sei für ein System, wie es Herr Gründgens vertreten hat, zu haben gewesen, dann kann man darüber reden. Zumal es ja auch meiner Eitelkeit nicht wenig schmeichelt. Immerhin: Ich glaube, er war der beste Mephisto, den es je gab. Darüber läßt sich reden. Aber Sie meinen ja ganz etwas anderes.

Ich meine das auch.

Ja, das meinen Sie möglicherweise auch. Aber – und ich lege natürlich Wert darauf, daß das nicht überhört wird –, aber das andere, daß man einem Regime als Vorzeigepoet diente, ja, das hat mich nicht gestört. Ich fand dieses Regime in Ordnung. Mit all seinen Lücken und Fehlern war es in Ordnung.

Immer nach Ihrer Selbsteinschätzung. Wuchs im Laufe der Zeit Ihr Bedürfnis nach Zynismus?

Ein Bedürfnis nicht, aber ich hörte mich manchmal zynisch sein.

Zur Person Hermann Kant. Mehrere Ehen, mehrere Kinder, mehrere Beschädigungen. Auch nach einem schweren Unfall mit dem Automobil in den 70er Jahren andauernde Schmerzanfälle. Worin bestand und besteht noch außerhalb der literarischen und einstigen gesellschaftlichen Geltung Ihr Glück im Leben?

Ja, das kann ich nun gar nicht rausholen oder wegdrücken vom Literarischen. Es ist nicht so wahnsinnig viel. Natürlich ist es fabelhaft, ich habe vor ein paar Tagen mit meinem Sohn, dem jüngsten, einen Tag verbracht, das war wunderbar. Wenn Sie mich da gefragt hätten, bist du jetzt glücklich, hätte ich gesagt, ja, und so möge es bleiben. Aber das hat man nicht jeden Tag. Sonst ist es schon so: Ich bin mit mir zufrieden. Glücklich? Weiß ich nicht. Ich bin mit mir zufrieden, wenn ich ein paar ordentliche Sätze hingekriegt habe.

Sie leben heute zurückgezogen im tiefsten Mecklenburg, allein in einer Datsche, die Sie jetzt winterfest haben machen lassen. Sie kommen nur noch gelegentlich nach Berlin. Charakterisieren Sie bitte das Leben, das Sie seit der Wende führen.

Es ist das Leben eines Mannes, der weiß, daß seine Sache verloren hat, und sie nicht zuletzt auch deshalb verloren hat, weil er Teil dieser Sache war. Das heißt also, ich sehe selbstverständlich zurück in mein Leben und suche die Dinge, die ich versäumt habe und die meinen Anteil an dieser Niederlage ausmachen. Das ist das eine. Das andere ist aber – und das gehört ganz und gar dazu –, der Versuch, aus deutscher Geschichte auszubrechen, es einmal anders zu versuchen. Dieser Versuch war, auch wenn es mich nun selber trifft, aller Ehren wert.

Was haben Sie zum Scheitern des Versuchs beigetragen?

Daß ich mich an bestimmten Sachen nicht ganz quergelegt habe und nicht gleich gelaufen bin. Ich habe sehr lange gebraucht, um ein Beispiel zu nennen, um ein öffentliches Wort für die Gorbatschowschen Vorstellungen zu reden. Das hat erst mal gedauert und mußte gegen den Widerstand meiner Obrigkeit erfolgen.

Das war 1989.

Ja, und das ist ja schon ganz gut, ich meine, viel größer kann ich da nichts reichen.

Jetzt sind wir wieder bei der Disziplin. Was Sie jetzt sagen als Teil Ihrer Schuld, als Teil Ihres Verschuldens am Scheitern des Experiments, des Versuchs, ein anderes Deutschland zu machen, sagen Sie jetzt, vielleicht hätte ich öfter laut disziplinlos sein müssen?

Ja.

Aber Sie haben vorhin die Disziplin als Notwendigkeit behauptet.

So was nennt man Widerspruch.

Wie leben Sie mit dem Widerspruch?

Mit dem habe ich zu leben. Ich komme auch damit zurecht, weil Widersprüche die Eigenheit haben, durch unseren guten Willen nicht aufgehoben zu sein und auch durch die einsichtigste Einsicht nicht. Das war einer der Widersprüche, mit denen wir nicht fertig geworden sind, und daran habe ich Anteil.

Die Wende in Deutschland 1989/90 mußte für Sie, einem hohen Funktionär der DDR, einschneidende Veränderungen mit sich bringen. Ist in der Art und Weise, wie diese Veränderungen nun über Sie gekommen sind, alles so gelaufen, wie Sie es erwartet haben, oder ging es darüber hinaus? Und wenn ja, in welcher Weise ging es darüber hinaus?

In den Ergebnissen ist es ungefähr so, und ich bin ja auch bescheiden, was meine Ansprüche in dieser Hinsicht anbelangt. Da fühle ich mich ganz gut bedient. Was mich stört, womit ich nicht gerechnet habe, ist diese unerhörte Heuchelei. Man hat gesiegt. Aber man will nicht gesiegt haben. Ich behaupte ja nach wie vor, wenn man einen Orden austeilt für Verdienste um die Herstellung der Einheit, dann fänden sich eine ganze Menge Leute gar nicht bereit, diesen Orden anzunehmen, weil die Legende will, es waren nur ein paar Leute in Leipzig.
Das habe ich nicht ganz verstanden.

Nein?

Sagen Sie es noch mal. Was ist das, was Sie an der Art und Weise, wie diese Wende Veränderungen für Sie mit sich gebracht hat, was ist über das, was Sie erwarteten, hinausgegangen?

Ich wußte, man wird all das zurücknehmen – so gut wie all das, was wir versucht haben. Darunter selbstverständlich auch manches, was vielleicht bestehen sollte oder hätte bestehen sollen ...

... die sozialen Errungenschaften ...

... ja. Jetzt kommt es mir auf das andere an, das ist mir ganz wichtig. Es ist ein Hauptvorwurf, den ich gegen die mich umgebende Wirklichkeit erhebe: die Heuchelei. Man sagt, erweitert das Nato-Bündnis, und sagt nicht gegen wen. Alle Leute sehen erfreut, jetzt gibt es bestimmte Feindschaften nicht mehr – man macht aber bestimmte Dinge weiter und sagt nicht warum, gegen wen. So geht es bis ins kleinste. Sie kriegen immer nur Auskünfte, die scheinbar einen Schritt belegen, aber die eigentlichen Beweggründe werden verschämt verschwiegen. Ich sage immer, diese Ordnung erschrickt, wenn man sie bei ihrem Namen, der Kapitalismus heißt, nennt. Die will anders geheißen werden. Das empfinde ich als einen hochgradig verheuchelten Zustand.

Ihnen selbst ist vieles nach der Wende persönlich angelastet worden: Mitarbeit beim Staatssicherheitsdienst, Sie haben Prozesse geführt und gewonnen. Ich habe den Eindruck, an Fakten ist fast alles oder alles mehrmals öffentlich hin- und hergedreht worden. Die Beschuldigungen gegen Sie wegen des Rausschmeißens dieser neun Schriftsteller aus dem Schriftstellerverband 1979 – wir haben das Thema berührt –, und wegen anderer Taten und Untaten Hermann Kants, diese Beschuldigungen und Erwiderungen sind mehrfach hin- und hergewendet worden, öffentlich. Ich habe bei der Vorbereitung auf dieses Interview keine neuen gefunden. Also bleibt vielleicht zur Erklärung immer nur die Person, die handelnde Person und die behandelte Person. In diesem Sinne frage ich Sie: Wie erklären Sie sich, daß Sie, Hermann Kant, so besonders viel Feindseligkeit auf sich ziehen? Wie erklären Sie es?

Da gibt es eine eitle Variante, die ich ungern benutze, aber das muß wohl sein. Ich sage mir, es war eine relativ rare Rarität, daß einer mit einem gewissen literarischen Vermögen zugleich in den Niederungen der Politik und des Funktionärtums zu Hause war und versuchte, das eine mit dem anderen zu verbinden. Was alle möglichen Leute geärgert hat, sowohl die Funktionäre als auch die Literaten. Das ist das eine. Das zweite ist, ich habe mir natürlich durch eine Liebe zum treffenden Wort – im Sinne von verletzendem Wort – auch nicht gerade Freundschaften erworben. Das ist mir doch völlig klar. Arrogante Leute können sich nicht hinstellen und sagen, wir möchten aber bitte geliebt werden. Ich glaube schon, daß das eine Rolle spielt, sage aber das Uneitle hinzu, nämlich: Ich glaube, manche Leute haben einfach ein ungutes Gefühl, daß sie eine Weile, eine lange Weile mit mir zusammen die Sache betrieben haben und nun dabei nicht gern noch einmal getroffen sein wollen und klarmachen: Nein, mit so einem Scheusal hatten sie natürlich nichts zu tun. Sie hatten nur damit zu tun.

Stephan Hermlin, mit dem Sie bis zu seinem Tod freundschaftlich verbunden blieben, hat über Sie gesagt – so hat man mir jedenfalls bei der Vorbereitung auf dieses Interview berichtet –, Sie, Kant, neigten in Auseinandersetzungen zum Nachtreten, wenn es schon gar nicht mehr nötig war. Ist das, was Sie eben mit Ihren bösen Bemerkungen gesagt haben, eine Art Nachtreten, haben Sie das Bedürfnis nachzutreten?

Nebenbei gesagt, Stephan Hermlin hat mir so was nie gesagt. Das Gröbste, was er mir je gesagt hat, war: Du bist manchmal so grob. Aber vielleicht hat er das damit gemeint. Bloß, dann war er wieder feinfühlig im Umgang mit mir und hat mich verschont mit diesem Begriff. Ich bin, glaube ich, wie ziemlich viele Leute nicht sehr begeistert, wenn ich konstatieren muß, jetzt hat dich wer gefällt. Sondern dann versuche ich auch hinterherzuhaken. Dafür gibt es in anderen Bereichen die rote Karte. Die habe ich ja auch gekriegt.

Wie nahe sind Sie dem Fanatismus in Ihrem Leben gewesen?

Fanatismus? Wenig, wenig. Ich glaube, ganz wenig, weil meine Erziehung, die wirklich bis in Kindesalter zurückgeht, eine zur Ironie war. Mein Vater war der ironischste Mann, den man sich denken konnte. Und ich habe natürlich mit Begeisterung an seinen Lippen gehangen, wenn er sich so produzierte. Ich habe mir das eingetan, und das verträgt sich mit Fanatismus gar nicht gut.

Sie waren sachlich ein Hundertprozentiger?

Wenn es um die hundert Prozent geht – nicht mal da könnte ich mit Vehemenz erklären: ja, ja war ich schon. Ich war – ich hör mir jetzt ein bißchen erstaunt zu, weil ich hier so wie an meinem Grabe von mir spreche –, aber nein, in meiner Zeit war ich in bestimmten Punkten bestimmt fanatisch. Ich war und bin ein fanatischer Antiantisemit, um mal ein herausragendes Beispiel zu nennen. Darin bin ich fanatisch. Da gibt's bei mir keine Diskussion, da hört alles auf.

Was ist Ihr Hauptvorwurf, den Sie gegen sich selber erheben?

Sagen wir mal: zu wenig auf wirkliche Freunde gehört zu haben. Denn ich habe ja immer welche gehabt, die mich warnten, dieses und jenes zu tun, die sagten, laß das sein. Ich war häufig zu sehr von der Logik meines Handelns überzeugt und habe der unerhörten Gewalt, die doch ausgehen sollte vom sanften Einreden, nicht immer getraut. Das ist ein Vorwurf, der letzten Endes zu der Stimmung geführt hat, in der wir ein solches Gespräch über mich führen müssen.

Erlauben Sie mir eine letzte Frage. Was rechnen Sie sich am meisten zugute in Ihrem Leben?

Vor den Leuten, bei denen es wichtig war, keine Angst zu haben, keine Angst gehabt zu haben und mich durchgehalten zu haben in ziemlich grundsätzlichen Dingen. Adenauer hat vor vierzig Jahren gesagt: Warten Sie nur, den werden wir auch noch bekehren. Er hat es nicht geschafft, sie haben es nicht geschafft; es wird keiner schaffen.

19. November 1997

SICH NICHT DAVONSTEHLEN

Christa Wolf. 1929 in Landsberg an der Warthe geboren. Kaufmannstochter. Nach dem Germanstikstudium sowie einer Tätigkeit als Verlagslektorin und Redakteurin seit Anfang der sechziger Jahre freie Autorin in der DDR. Kandidatin des ZK der SED. Nach ihrer mutigen Rede gegen die Kulturpolitik der SED auf dem berüchtigten 11. Plenum von 1965 Ende jeder Parteikarriere und zunehmende Kritik am »real existierenden Sozialismus«. 1989 für weitgehende Reformen in einer erneuerten DDR eingetreten. Inzwischen als international renommierte, nachdenkliche Autorin in der heutigen deutschen Wirklichkeit angekommen.

In Ihrem Buch »Nachdenken über Christa T.« schreiben Sie über die junge Christa T., eine Kommunistin, die an Krebs stirbt, vorher aber schon an der gesellschaftlichen Realität zerbricht: »Wenn sie ihren Namen aufrufen hörte, dann stand sie auf und ging hin und tat, was von ihr erwartet wurde.«
Haben Sie damit damals auch sich selbst beschrieben?

Mein erster Impuls ist, jetzt einfach zu sagen: Ja. Schluß der Beantwortung. Aber ich glaube, da würde ich die Frage zu leicht nehmen. Zunächst etwas, was mich an der Frage beschäftigt: Sie sagen, sie sei an Krebs gestorben, aber an der gesellschaftlichen Realität zerbrochen. Das ist es eben, was ich bestreite; das habe ich damals schon bestritten. Viele Kritiken gingen auf diesen Punkt ein: in der DDR und außerhalb der DDR. In Westdeutschland und in der DDR, dort positiv: Aha, hier stirbt jemand an der gesellschaftlichen Realität; und in der DDR war das ja der Hauptpunkt, daß das

Buch drei Jahre nicht erscheinen konnte. Ich habe damals – und zwar nicht aus taktischen Gründen, sondern weil ich wirklich ein anderes Verständnis habe von Scheitern, von Zerbrechen –, ich hab damals gesagt, diese Frau hat ihr Leben voll gelebt, sie ist nicht gescheitert, sie hat unglaublich viele Konflikte gehabt.
Aber Ihre Frage, ob ich mich damit selbst beschrieben habe: Ja. Ja, wenn Sie das Zitat weiterführen. Zufällig weiß ich, wie's weitergeht, nämlich ungefähr so: Sie hörte ihren Namen aufrufen und fragte sich, ist es nur mein Name, oder bin ich damit selbst gemeint; soll ich hier nur meine Hülle zurücklassen, und wird mein Name nur gezählt zu den – ich weiß nicht – tausenden anderen? Diese Selbstzweifel mit eingerechnet, sage ich: Ja, es ist auch eine Beschreibung meiner Situation damals.

Das Zitat geht aber noch weiter, das weiß ich nun wieder.

Ja? Nämlich?

Das geht dann noch dahin weiter, daß dieses: aufzustehen und zu sagen, hier bin ich, und ich tue, was verlangt wird, obwohl sie sich fragte, bin wirklich ich gemeint – von Christa T. getan wurde zu einer Zeit, als viele sich schon davonstahlen ...

... Das stimmt, ja ...

Nun frag ich noch mal: Ist das eine Selbstbeschreibung?

Ja, ganz besonders mit diesem Satz dazu, denn mit dem »Davonstehlen« ist ja nicht nur das körperliche Weggehen gemeint, sondern das innere Abschalten ... Dasitzen und nicht mehr wirklich Aufstehen ... und Zynischsein.

Was ist gut an Christa T.s Bereitschaft, zu tun, was erwartet wird? Was ist schlecht daran?

Gut und schlecht – das sind wieder solche Begriffe... Gut würde ich heute noch finden, etwas zu tun, was von einem, von mir erwartet wird, wenn ich selber es auch von mir erwarte, wenn ich mich dazu bringen kann, es zu erwarten. Das ist ein weites Feld. Da kann man sich sehr irren.

Haben Sie sich geirrt?

Ja.

Was ist schlecht daran?

Schlecht daran ist eben genau das Gegenteil: Wenn ich mich oder jemand sich dazu bringt, nur zu tun, was erwartet wird, und aufhört, sich zu befragen, was er von sich selbst erwartet.

Was hat Sie zu einer solchen Bindung an eine Sache, an die des Sozialismus, auch an den Sozialismus, wie er als real existierend definiert wurde in der DDR, was hat Sie zu einer solchen Bindung an eine solche Sache, zu der man aufgerufen wurde, veranlaßt und befähigt, auch über innere Widerstände hinweg?

Da müßte ich jetzt die Geschichte dieser Bindung erzählen.

Bitte.

O nein, das dauert zu lange. Aber ich fang mal mit dem Anfang an. Was hat mich am Anfang dazu veranlaßt? 1945 war ich sehr weit davon entfernt, mich an etwas zu binden, was mit Sozialismus zu tun hat, ich wußte ja auch nichts davon. Allerdings war die Nachkriegszeit für mich ein Schock, als ich erfuhr und für wahr halten mußte, was wir damals getan hatten, wir Deutschen. Da war ich monate-, jahrelang in einer tiefen Verzweiflung und wußte nicht, wie damit weiterleben. Ich hatte dann eine kurze, sehr intensive Phase eines Versuchs mit dem Christentum. Das ging nicht, und ich bin dann, damals noch auf der Oberschule – ich war etwas älter als meine Mitschüler ...

In Mecklenburg?

Nein, in Thüringen, ich habe in Thüringen mein Abitur gemacht ...

Das Kriegsende hat Sie in Mecklenburg erreicht, und dann sind Sie nach Thüringen gegangen ...

... Ja, weil mein Vater dort Arbeit hatte. Dort bin ich zum ersten Mal mit marxistischen Schriften in Verbindung gekommen. Das war der erste Schritt. Und vor allen Dingen war es etwas – dann, als ich in die Partei eintrat –, von dem ich jahrelang fest überzeugt war, genau das Gegenteil von dem, was im faschistischen Deutschland geschehen war. Und ich wollte genau das Gegenteil. Ich wollte auf keinen Fall mehr etwas, was dem Vergangenen ähnlich sein könnte. Ich glaube, das ist in meiner Generation häufig so gewesen. Das war der Ursprung dieser Bindung; das war auch der Grund, warum wir so lange an ihr festhielten, nicht gegen innere Widerstände; ich sah auch später noch keine Alternative dazu. Und dann kam etwas anderes hinzu, was unsere Generation, meine ...

Wir sind ein Geburtsjahrgang, 1929, aber Osten und Westen, das macht einen Unterschied ...

Einen großen Unterschied, ja; was meine Generation so spät hat erwachsen werden lassen. Wir erlebten nämlich damals, Anfang der fünfziger Jahre, als ich nach meinem Studium im Schriftstellerverband arbeitete, Genossen, die aus dem KZ kamen, aus den Zuchthäusern, aus der Emigration, beeindruckende Menschen – ich glaube auch heute noch, daß sie zu den interessantesten Leuten gehörten, die einem damals in Deutschland begegnen konnten –, und das war eine Bindung, die zum großen Teil auch auf schlechtem Gewissen beruhte.

Gut. Heute, nach allem, was Sie dazuerfahren haben, sagen Sie: Ich bin immer noch froh über dieses Engagement – unabhängig von seinem Inhalt –, denn ohne dieses Engagement wäre ich nicht ich selber geworden?

Na ja, ich wäre nicht ich selber geworden, das ist so schon wahr. Ich denke darüber sehr viel nach, aber ich bin noch nie auf den Punkt gekommen, daß ich mir ein anderes Leben für mich hätte erfinden können.

Bis auf den heutigen Tag?

Ja. Ob froh oder nicht froh, das ist für mich gar nicht mehr die Frage, das ist jetzt alles in einer viel tieferen Schicht. Wissen Sie, es war ja doch alles sehr zufällig. Wir sind als Flüchtlinge von Landsberg/Warthe, heute Gorzów, über die Oder gekommen, sind in Mecklenburg hängengeblieben, weil von der anderen Seite die Amerikaner kamen und die Russen von Osten, wir waren also dazwischen, und dann sind wir von den Russen besetzt worden, der Teil, in dem ich wohnte. Wir wollten natürlich ungeheuer eilig über die Elbe, wir wollten ja eigentlich zu den Amerikanern; es ging um zwei Tage, dann wären wir über die Elbe gewesen – mein Leben wäre ein völlig anderes geworden. Und so ist es eben dieses geworden. So waren die deutschen Schicksale.

Ich komme auf die zentrale Thematik Ihres Lebens, so wie ich Sie verstehe, zurück. Aber zunächst noch einmal zur Person, die junge Christa Wolf. Wir sind, ich habe es erwähnt, vom selben Geburtsjahrgang 1929. Sie haben schon davon gesprochen, was die Zäsur von 1945 für Sie bedeutete. Ich frage einmal nach etwas anderem: Haben Sie wie ich eine Erinnerungssüße in sich an diesen bedrückend schönen Sommer 1945 in Deutschland, als man, wenn Flugzeuge über einen hinwegflogen, nicht mehr in den Keller mußte? Haben Sie dieses ganz starke Friedensgefühl auch gehabt?

Das Friedensgefühl – ja. Ich habe das Ende des Krieges unter sehr großer Gefährdung erlebt, auf dem Treck immer von Tieffliegern angegriffen, und daß nie wieder ein Tiefflieger auf uns runterstoßen würde, war mir am 8. Mai schon sehr recht. Aber einen bedrückend schönen Sommer habe ich nicht erlebt. Wir waren sehr zusammengedrängt auf irgendwelchen Bauernhöfen, in irgendwelchen Scheunen oder auf Dachböden, und da hatte ich eher ein Gefühl von großer Schwere und Bedrückung in diesem Sommer.

Wann haben Sie dieses Gefühl der Schwere und Bedrückung verloren und wodurch?

Ich glaube, ich habe es wenige Jahre später verloren, als wir dann ...

Jahre ist eine lange Zeit ...

Ja, Jahre hat es schon gedauert. – Wir sind 1947 nach Thüringen gezogen, dort habe ich die Oberschule beendet, und da kam ich mit vielen Jüngeren zusammen – alle in meiner Klasse waren jünger, nur wenige waren Flüchtlinge –, und da merkte ich auf einmal: Es gibt auch so etwas wie ein leichtes Leben. Ich kannte das gar nicht, ich hatte keine Jugend. Da habe ich mit diesen zwei, drei Jahre jüngeren Mädchen manchmal wieder so etwas wie Leichtigkeit empfunden.

Haben Sie seinerzeit in dieser Zäsur von 1945 und in den folgenden Jahren gedacht, der Sturz der Menschen in Not, Elend, Furcht, Verbrechen sei mit dem Faschismus und diesem Krieg so tief gewesen, daß wir Menschen nun zur gründlichen Besinnung, zur endgültigen Abkehr gelangen würden? Haben Sie darauf gebaut?

1945 noch nicht, aber 1948/49, als ich selbst begriffen hatte, was damals geschehen war, und als ich die Gefährdung sah, die darin liegt, daß so etwas wieder geschehen könnte. Ich hab's nicht für möglich gehalten, ich hab wirklich gedacht, daß das zu einer ganz tiefen und gründlichen Einkehr führen würde.

Wenigstens über unsere Lebenszeit hinaus, mindestens?

O ja, das habe ich natürlich gedacht. Ich habe doch nie für möglich gehalten, daß ich an einer deutschen Häuserwand noch mal ein Hakenkreuz sehen würde. Wenn mir das damals einer gesagt hätte, ich weiß nicht, was ich gemacht hätte.

Wir wissen nun, daß die Hoffnung vieler aus unserer Generation, die sie an 1945 knüpften, trügerisch, selbstbetrügerisch gewesen ist. Unabhängig vom Inhalt Ihrer und meiner, unserer damaligen Hoffnung – allgemein gefragt: Was bedeutet Ihnen die Einsicht, daß man keine Erfahrungen weiterreichen kann, daß die Nachwachsenden das Recht auf ihre eigenen Fehler beanspruchen – bis hin zu neuen grausamen Katastrophen?

Als mir diese Einsicht zum ersten Mal dämmerte, das ist Jahre her, hat sie mich furchtbar mitgenommen; ich war nicht nur bedrückt, es hat mich in Verzweiflung gestürzt. Da hat sich etwas geändert. Ich meine schon, daß es von unserer Generation vielleicht einiges zu lernen gibt, aber nicht in dem Sinne, es nachzumachen, sondern daraus zu lernen, was man nicht unbedingt machen sollte.

Das wär' ja schon was!

Ja, es wär' schon was, aber im Moment scheint es eher so zu sein, daß auch das abgewehrt wird. Ich bin jetzt soweit, daß ich das irgendwie akzeptiere, weil ich sehe, die Jüngeren machen wirklich ihre eigenen Erfahrungen. Ich glaube, dümmer als wir, als ich sind sie nicht.

Sie haben keine Angst, daß sie nicht Ihnen, sondern sich selber etwas zufügen, was Sie den Menschen gern ersparen würden?

Doch, diese Angst habe ich.

Das macht Sie nicht rasend, daß Sie nichts mitteilen können, nichts weitergeben können?

Nicht mehr. Es hat mich rasend gemacht. Aber ...

Daß es Sie nicht mehr rasend macht, ist das ein Schritt eher in Resignation oder in Weisheit? Oder ist das dasselbe?

Nein, es ist sicher nicht dasselbe. – Ja, in diesem Punkt bin ich resigniert.

Ohne Bitterkeit?

Ja.

Haben Sie in jüngeren Jahren daran gezweifelt, ob Sie es sich erlauben dürften, traurig und unglücklich zu sein?

Ja, ich glaube... Darf ich Sie etwas fragen? Nein, das gehört sich wohl nicht ...

Eigentlich frage ich hier, aber fragen Sie mal.

Wie kommen Sie auf die Frage?

Das kann ich nicht sagen. Das will ich nicht sagen...

Gut, akzeptiert. Sie haben recht – was in der Frage als Meinung liegt. Erstens: Meine Kindheit lief in einer gespaltenen Erziehung. Das eine war die Hitlerjugend mit dem Versuch, in den Kindern Härte zu erzeugen. Das andere war die protestantische Erziehung zu Hause, die auch nicht gerade überströmend gefühlvoll war. Und dann später, in den Anfängen der Partei, natürlich auch: Man hat eigentlich glücklich zu sein, man ist verpflichtet, glücklich zu sein, da wir nun mal demnächst das Paradies auf Erden ...

Nach dem Studium Christa Wolfs habe ich genau dies gedacht, und das hat mich zu der Frage gebracht ...

Ja, das ist mir schon klar. – Da wir das Paradies nun vielleicht doch noch zu unseren Lebzeiten erreichen und errichten werden, warum soll man dann nicht verdammt noch mal jetzt schon glücklich sein! Allerdings, wenn man liebt, wenn man Kinder hat, dann wird das alles anders, dann wird man weicher, und dann wird man auch unglücklich.

Wir berühren jetzt wieder das Thema, bei dem wir schon einmal waren, als wir über Christa T. sprachen, das Thema nämlich, daß Sie sich aus für Sie guten Gründen, zwingenden Gründen, oft genötigt haben, gegen Ihre Natur zu existieren. Hat Sie das verkürzt im Natürlichsein?

Wenn es dabei geblieben wäre, hätte es mich sicherlich verkürzt und eingeschränkt. Aber es ist ja nicht dabei geblieben. Es stimmt, daß ich – ich weiß nicht, bis zu welchem Jahr – Krisen eher weggedrängt und versucht habe, sie rational zu lösen. Aber dann kam ein absoluter Ausbruch, ein Durchbruch von Traurigkeit, eben mit diesem Buch, mit »Christa T.«. Meine ersten drei Bücher könnten Sie wie Stadien dieses Durchbruchs verstehen: »Moskauer Novelle«, da lief noch alles nach der Konvention; »Geteilter Himmel«, das war ein Zusammenbruch dieses Mädchens, aber immerhin, sie mußte durchkommen; Christa T. kommt nicht durch.

Aber sie zerbricht nicht.

Sie zerbricht nicht, aber sie kommt auch nicht durch, da ist sehr, sehr viel Traurigkeit in dem Buch.

Ja, das kann man sagen. Es ist ein großes Buch, wenn ich das sagen darf.

Es ist jedenfalls ein trauriges Buch. Ich habe das damals immer ein bißchen abgestritten, aber es ist sehr traurig.

Aber nun noch einmal: Sie sagen, Christa T. scheitert nicht, Scheitern ist etwas anderes. Was ist Scheitern?

Scheitern ist, wenn man keine Krisen hat, sondern hart und stracks durch etwas hindurchgeht, was man nicht selber ist, neben sich hergeht.

Ohne Krisen?

Mit oder ohne Krisen, jedenfalls neben sich hergeht, bis zu seinem Lebensende. Man kann ungeheueren Erfolg dabei haben, man kann, ich weiß nicht, Ministerpräsident oder sonstwas werden, ein Schriftsteller allerdings kann man nicht sein. Das wäre Scheitern für mich.

Was mußte mit Christa Wolf geschehen, die das, wie sie meinte, Neue, Große für das menschliche Zusammenleben wollte, was mußte ihr widerfahren, bis sie das Buch über Christa T. schrieb, über diese junge Frau, die, wie Sie sagen, nicht zerbrochen ist, aber die doch existieren mußte zwischen der Bereitschaft, an der großen Sache mitzuwirken und dem Bedürfnis auf Selbstverwirklichung aus Eigenem? Was mußte geschehen, bevor Sie sie erdichteten, diese Christa T., Ihre Stiefschwester im Geiste? War das eine Ersatzhandlung? Ersatz für ein reales Leben?

Ganz im Gegenteil: Das war die Handlung, und das war das Leben, endlich.

Aber was mußte Ihnen widerfahren?

Sie sagen in Ihrer Frage: daß ich auf das Neue, Große aus war. Ich war eigentlich nicht so sehr auf das Neue, Große aus, sondern ich hatte mir aus dem Marxismus und auch aus der sozialistischen Literatur und allem, was ich ja nun im Studium kennengelernt hatte, das für mich herausgenommen, was ich wirklich wollte, und von dem ich glaubte, daß diese Gesellschaft und diese Idee es erreichen würden: die Selbstverwirklichung des Menschen. Als ich verstand, daß genau das nicht geschah – und das passierte auf folgende Weise: Ich war Kandidatin des ZK, und 1965 war ein Plenum, das berüchtigte 11. Plenum, das zu einem Kulturplenum, das heißt zu einer Abstrafung von Künstlern, besonders Filmleuten und Literaten, aber auch Malern, umfunktioniert wurde, und ich saß dort dabei und habe dann gesprochen, dagegengesprochen, ...

... und zwar sehr couragiert ...

... es mußte passieren, daß ich so von innen her sehen konnte, wie der Mechanismus funktioniert. Und da wurde mir klar: Das geht nicht. Das geht nicht in die richtige Richtung. Als ich dort rauskam – ich weiß noch ganz genau, was ich dachte, als ich die Treppe runterging: die Hände weggeschlagen. Ich hab darüber auch geschrieben. Das war mein Gefühl damals. Da habe ich mich nicht in das Buch hineingerettet, sondern habe begriffen, daß das meine Art ist, sich damit auseinanderzusetzen. Das Buch hat mich gerettet, trotzdem.

Dann wird die Frage zwingend, auf die wir ohnehin noch mehrmals gekommen wären: Warum sind Sie dann bei der Fahne geblieben?

Bei welcher Fahne?

Bei dieser Fahne DDR, bei dieser Alternative, von der Sie meinten, sie sei die richtige Antwort auf das, was vor 1945 gewesen ist – das meine ich mit der Fahne.

Ja, darüber muß ich natürlich schreiben.

Sie sind am Schreiben?

Ich denke darüber pausenlos nach, seit drei Jahren, pausenlos, wirklich, Tag und Nacht. Ich glaube, man muß Geschichte hineinbringen in diese Frage. Denn mein Bei-der-Fahne-Bleiben, wie Sie es nennen, wurde natürlich von denen, die die Fahne zu halten glaubten, sehr bald als ein absolutes Abtrünnigsein gesehen. Ich konnte dableiben – ich meine jetzt nicht nur in der DDR, sondern bei dieser Fahne –, weil ich so viele Leute um mich herum hatte, die die gleiche Entwicklung nahmen, und wir noch eine Zeitlang dachten, daß wir es eigentlich sind, die das Land hier auf die richtige Bahn bringen werden. Denn es waren nicht nur Autoren, damals waren auch Wirtschaftsleute dabei und Intellektuelle aus anderen Berufen, und als ich 1963 oder vorher noch in Halle gewohnt und in der Waggonfabrik mit einer Brigade gearbeitet habe, da habe ich dasselbe bei Arbeitern gesehen. Es gab eine breite Bewegung in der DDR, die das wollte, was ich dachte, was man wollen soll, und da wollte ich mich nicht hinausbegeben, auch wenn ich von 1965 an wußte: Mit dem Apparat habe ich nichts zu tun.

Sie haben, als Sie im vergangenen Jahr Ihre Stasi-Akten gelesen haben – über vierzig Bände darüber, wie Sie überwacht wurden –, zu Ihrer eigenen Überraschung festgestellt – Sie sagen, Sie müßten es wohl verdrängt haben –, daß Sie von 1959 bis 1962, also vor über dreißig Jahren, inoffizielle Mitarbeiterin der Stasi gewesen sind. Sie haben mit Stasi-Funktionären Gespräche geführt, haben berichtet, über Kollegen aus Ihrem Arbeitsumkreis als Literatin und Kulturredakteurin, teils in Ost-Berlin, teils in Halle. Warum haben Sie sich damals auf solche Mitarbeit eingelassen?

Ich muß, glaube ich, noch etwas genauer werden, was diese Akte und die Akten überhaupt betrifft. Ich kenne diese Akte selbst erst seit zwei Tagen, Sie haben sie mir mitgebracht. Alle anderen, die sie benutzt haben, haben sie vor mir gehabt; ich habe sie jetzt für mich analysiert. Es ist wahr, es war ein Schock für mich, in meinen sogenannten »Opferakten« einen Hinweis zu finden, daß es auch einen IM-Vorgang von mir gibt. Mir standen buchstäblich die Haare zu Berge; ich hätte geschworen, das könne es bei mir nicht geben, und das muß ich wohl erklären. 1959 hat es in Berlin – das wußte ich, das hatte ich nicht vergessen – dreimal Begegnungen gegeben mit zwei Herren, die mich befragt haben über Dinge, die ich im einzelnen nicht mehr weiß, die aber im Zusammenhang standen mit meiner Arbeit in der Redaktion der »Neuen Deutschen Literatur« und im Schriftstellerverband. Was ich nicht mehr wußte: daß ich einen Decknamen hatte, daß ich selbst einen Bericht geschrieben habe. Das heißt, ich hatte sehr wirksam verdrängt, daß es sich um einen Vorgang handelte, der zu einer IM-Akte führen konnte.
Und danach, in Halle, gibt es vier Berichte über Begegnungen mit einem Herrn, an den ich mich durchaus erinnere, der aber sowohl

mit uns als auch mit seiner Behörde ein falsches Spiel getrieben haben muß: Er schreibt in seinen Berichten nicht, daß mein Mann immer dabei war, tut so, als setze er die halb konspirativen Treffen seiner Berliner Kollegen mit mir allein fort, worüber er wiederum mich im unklaren ließ; die Treffen fanden in unserer Wohnung statt, er berichtet nur, übrigens sehr kurz, was ihm paßt, nicht, was wir ihm Kritisches sagen, woran wir uns zufällig erinnern, zum Beispiel über die Zensur.
Ich habe in der Akte von 137 Seiten zwanzig Seiten mit solchen Treffberichten gefunden, alles andere sind Recherchen, Berichte, Lebensläufe über mich und von mir und bürokratischer Kram innerhalb der Behörde. Ich muß das hier einfach sagen, weil die Zeitungsberichte den Eindruck erweckten, es gebe da eine Akte, in der auf 137 Seiten über Stasi-Mitarbeit von mir berichtet werden konnte.

Bevor ich in diesem Zusammenhang auf meine Grundfrage zurückkomme: So, wie Sie eben den Inhalt der Akte beschrieben haben: Wollen Sie etwas sagen zum Umgang mit Stasi-Akten, nachdem soviel über Sie und Ihre Stasi-Akte gesagt worden ist?

Ich bin jetzt natürlich in keiner guten Position, um etwas Kritisches dazu zu sagen, das ist mir schon bewußt. Aber ich habe den Eindruck, man muß da etwas ändern. In meinem Fall war es so: Es gibt die zweiundvierzig Bände sogenannter »Opferakten« – ein Ausdruck, den ich für mich nicht in Anspruch nehme –, die reichen bis 1980; die Akten der letzten neun Jahre sind fast vollständig vernichtet, das heißt, sonst hätten wir vielleicht achtzig Bände Akten da gehabt. Seit 1969 wurden wir intensiv observiert.

Sie und Ihr Mann?

Ja, Gerhard und ich. Und dann gibt es diesen einen IM-Vorgang von vor über dreißig Jahren, der so aussieht, wie ich ihn eben beschrieben habe. Die Presse hat laut Gesetz die Möglichkeit, Einsicht in IM-Vorgänge bei Leuten zu beantragen, bei denen ein

Verdacht auf IM-Tätigkeit besteht. Ein Journalist hat mir gesagt, sie hätten Hinweise bekommen, daß auch bei mir ein solcher IM-Vorgang vorliegen könnte.

Die können doch eigentlich nur aus der Gauck-Behörde kommen?

Das weiß ich nicht. Der IM-Vorgang wird dann also herausgegeben, in meinem Fall zu dem gleichen Zeitpunkt, da ich meinen Artikel in der »Berliner Zeitung« hatte ...

In dem Sie selber darüber berichten, was Sie entdeckt haben bei der Lektüre Ihrer Akten ...

In dem ich darüber berichtet habe, weil ich sah, was mit Heiner Müller passierte, und dachte, jetzt müsse ich auch reden. Das kann natürlich ein Zufall sein, daß die Akten im gleichen Moment an verschiedene Redaktionen gegeben wurden – übrigens nicht an den »Spiegel«, der hat sie nicht von der Gauck-Behörde, jedenfalls nicht offiziell. Also: Ich finde, man sollte darüber nachdenken, ob es vertretbar ist, eine solche Akte kommentarlos der Presse zu übergeben, ohne daß der oder die Betreffende davon etwas erfährt. Der nun, wie in meinem Falle, so viele Akten der anderen Art hat, von denen wiederum die Presse nichts weiß – und ohne daß er diese IM-Akte selber kennen darf. Das gehört zu den Regeln der Gauck-Behörde, die mir die Frau, die unsere Akten bearbeitete, erläuterte. Ich habe zuerst nicht deutlich darüber sprechen wollen, daß mir diese Kollegin meine IM-Akte für kurze Zeit gezeigt hat, eigentlich durfte sie es nicht. Vor kurzem habe ich erfahren, diese Frau ist gestorben, darum rede ich jetzt darüber.

Sie durfte es nicht, weil das sozusagen eine Täterakte Christa Wolf war – Deckname »Margarete« –, und Sie haben zwar Ihre Opferakte sehen können – Deckname »Doppelzüngler« –, aber die Täterakte nicht.

Ja, die durfte ich eigentlich nicht sehen. Ich war sehr beunruhigt, bat die Kollegin darum, sie mir doch zu zeigen. Sie sagte: Aber da

ist doch nichts! Dann hat sie sie mir aber, wie gesagt, kurz gezeigt. Die Berichte aus Halle waren da noch nicht drin, und ich konnte mich auf diese Akte nicht beziehen, was mir ja dann, vom »Spiegel« zum Beispiel, heftig vorgeworfen wurde. Ich konnte nur zitieren, was darüber in meinen »Opferakten« stand, und was ich mir kopieren lassen konnte. Erst drei Wochen nach den Journalisten habe ich diese IM-Akte auf Grund eines Antrags bei der Gauck-Behörde selbst bekommen.
Auf diese Weise kann man einen Menschen kaputtmachen; ich weiß, was ich sage. Wenn ich jetzt überall, auch im Ausland, so weit »Zeit« und »Spiegel« reichen, auf die zwei Buchstaben »IM« verkürzt als »Stasi-Mitarbeiter« gelte – was ich ja vorhergesehen hatte –, ich kann nur wiederholen: Man kann Menschen auf diese Weise kaputtmachen. Und man sollte es sich überlegen, ob dieser Ausschnitt der Arbeit der Gauck-Behörde weiter so gehandhabt werden kann, ob das Gesetz in diesem Punkt geändert werden muß, ob es anders gehandhabt werden muß. Ich weiß es nicht. Aber man muß darüber nachdenken.

Ich komme auf die Grundfrage zurück. Warum haben Sie sich seinerzeit auf eine solche Mitarbeit eingelassen?

Die Frage kann ich schwer beantworten, weil ich ja keine »Mitarbeit« im Gedächtnis hatte, aber damals muß es so gewesen sein. Was ich erinnere – bei mir ist es so, daß ich mich sehr oft an Gefühle erinnere, die die realen Vorgänge begleiten, nicht immer an die dazugehörigen Vorgänge –: Ich hatte in Berlin, bei diesen drei Treffen, ein tiefes Unbehagen. – Ich spreche immer von Berlin, das in Halle war etwas anderes. – Ich habe mich offenbar aus zwei Gründen darauf eingelassen: Erstens fühlte ich mich in der Klemme und wußte nicht, wie ich da rauskommen sollte. Und ich hatte noch nicht die Überzeugung, daß ich das unbedingt ablehnen müßte, weil die Staatssicherheit für mich noch nicht das Gesicht hatte wie schon kurze Zeit danach, wo bei mir überhaupt nichts mehr zu machen gewesen wäre. Ich habe die Kontakte – ich glaube, das kann man der Akte entnehmen – auf ein Minimum reduziert, aber immerhin: Ja, ich habe mich mit denen eingelassen. Ich versuche jetzt intensiv, den Gründen dafür nachzugehen. Es bleibt mir nichts anderes übrig, als diese ganze Zeit noch einmal heraufzuholen, denn ich kann das alles nur aus der Zeit heraus verstehen. Was mir auch zu denken gibt: Der Höhe- oder Tiefpunkt meiner Bindung, genauer: meiner Abhängigkeit – das ist das richtige Wort – von der Partei und von der Ideologie war eigentlich schon überwunden. Gerade in Halle fing eine andere Entwicklung bei mir an. Da kamen die ersten größeren Kritiken an mir, das hing mit meiner Einstellung zum XXII. Parteitag der KPdSU zusammen.

Das heißt, der Entstalinisierung.

Ja. Das war ja die Fortsetzung des XX. Parteitages, der natürlich einen tiefen Schock bei mir ausgelöst hatte. Auf dem XXII. Parteitag waren für mich die divergierenden Standpunkte von Scholochow und Twardowski sehr interessant: Twardowski leitete »Nowy Mir«, wo auch Solshenizyn zuerst gedruckt wurde. In der Parteiversammlung vertrat ich dessen Standpunkt, und das wurde kritisch vermerkt. – Ich will damit nur sagen, ich war damals in jener Phase, in der ich anfing, kritisch zu denken. Ich muß weiter darüber nachdenken, wie das alles zusammenhing; was mich dazu brachte, den Stasi-Leuten nicht einfach nur »nein« zu sagen.

Sie haben von dem Unbehagen gesprochen, das Sie bei der ganzen Sache gehabt haben, eine Gefühlserinnerung, wie Sie sich über Gefühle zu erinnern pflegen. Ich habe bei der Vorbereitung auf dieses Interview die Akte gelesen und hatte in der Tat den Eindruck, daß Sie zum Beispiel alles, was ins Konspirative hinein hätte führen sollen, zu vermeiden versucht haben. In diesem Zusammenhang – aber bitte allgemein verstanden – gefragt: Sind Sie, nicht aus Mangel an Courage, die Sie bei anderen Gelegenheiten durchaus bewiesen haben, sondern von Ihrem Naturell her konfliktscheu, und trachteten Sie oder trachten Sie immer noch nach Harmonisierung um fast jeden Preis? War das ein Grund, warum Sie sich nicht entzogen haben?

Gestatten Sie, daß ich jetzt mal aus der Haut fahre?

Bitte.

Und zwar sehr. Genau das passiert nämlich jetzt: Was in dieser Stasi-Akte steht – wie ich dort durch IMs und Stasi-Leute charakterisiert werde –, das geht jetzt als meine gültige Charakteristik durch alle Zeitungen, und ich könnte aus den »Opferakten« ein paar gegensätzliche Charakteristiken beisteuern. Da steht also: »intellektuelle Ängstlichkeit«. Das macht nun Schlagzeilen. Wenn man das im Zusammenhang liest, kann man das auch so deuten, daß da jemand versucht hat, sich zurückzuhalten, sich aus der Sache herauszuziehen, sich nicht weiter hineinzubegeben. Das ist eine der obszönen Folgen dieser Aktenbeschreibung in der Presse, daß man die Stasi-Charakterisierung, die Sprache der Stasi, übernimmt und sie heute auf mich anwendet. Es ist etwas Unglaubliches. Ich weiß, daß Sie das nicht getan haben, aber ich habe hier deshalb so heftig reagiert, weil ich diese Methode fassungslos verfolgt habe.
Aber auf Ihre Frage nach der Konfliktscheu will ich doch näher eingehen, will darüber nachdenken. Bei mir war es so: Ich habe immer dann Konflikte gescheut oder es nicht darauf ankommen lassen, wenn ich mir nicht so ganz sicher war, ob ich recht hatte. Das will ich nicht unbedingt auf diesen Punkt beziehen – Sie fragten allgemeiner. Ich bin kleinbürgerlicher Herkunft, wie es so schön hieß. In der Partei hieß es immer: Aber bitte den Klassenstandpunkt einnehmen. Da war ich oft unsicher, dachte in den fünfziger Jahren oft: Ja, haben sie nicht eigentlich recht? Ich hatte versucht, dieses Wertesystem zu verinnerlichen und mich von dem anderen Wertesystem in mir abzustoßen. Das ist ein größeres Thema, und ich kann es hier nur streifen. Aber genau das – mein innerer Konflikt – hat dazu geführt, daß ich den äußeren Konflikt zunächst oft vermieden habe.
Als mir mehr und mehr klar wurde: Ich will nicht, was sie wollen, und sie haben nicht recht, oder zumindest: Auch ich habe recht, jedenfalls für mich – da hatte ich dann keine Angst mehr vor der Auseinandersetzung. Oder ich hatte Angst, und ich habe sie über-

wunden, wie beim 11. Plenum und bei vielen anderen Gelegenheiten, die nicht so spektakulär waren und nicht in der Presse standen. – Also, über Konfliktscheu werde ich weiter nachdenken, aber ich kann sagen, wenn ich mich zurückhielt, hing das mit Zweifeln zusammen, ob ich das, was ich dachte und fühlte, wirklich vertreten könnte, ob ich damit nicht schadete. Das war ja damals ein wichtiger Gesichtspunkt für mich.

Auf die Gegenwart gemünzt: Selbstvorwürfe können ja auch billig sein. Sie haben nach meinem Verständnis jetzt keinen erhoben, sondern Sie haben über sich selber nachgedacht. Selbstvorwürfe können auch billig sein – wenn Sie Ihnen nun so sehr abverlangt werden von der herrschenden Öffentlichkeit, riskieren Sie dann immer noch den Widerspruch zu sagen – und Sie haben das eben eigentlich schon getan: Es war so kompliziert, was vorging; es kam übrigens niemand zu Schaden, was einen Selbstvorwurf zwingend machen würde; es war Kalter Krieg; es ging nach meinem Verständnis um eine gute Sache; also würden blanke einschichtige Vorwürfe und Selbstvorwürfe der damaligen Verstrickung nicht gerecht.
Riskieren Sie, den Geßlerhut, den die tonangebende Öffentlichkeit errichtet hat, nicht zu grüßen? Sagen Sie: Ich verweigere den Selbstvorwurf, den mir die herrschende Öffentlichkeit abverlangt?

Mir ist natürlich völlig klar, daß ich mir meine Lage in einer bestimmten Öffentlichkeit erleichtern könnte, wenn ich mich zerknirscht zeigen und Schuldgefühle ausstellen würde. Die habe ich aber nicht. Es ist viel schlimmer – oder besser, je nachdem. Als mir klar wurde, daß es diese Akte gibt, und als ich sie kurz gesehen hatte und sie jetzt nun wirklich lesen konnte, ging etwas ganz anderes in mir vor. Ein fremder Mensch tritt mir da gegenüber. Das bin nicht ich. Und das muß man erst mal verarbeiten. Das ist wirklich schwerer, als einfach zu sagen: Ja, es tut mir leid, ich bedaure das. Ich habe keine Schuldgefühle. Die Schuldgefühle sind weggeschmolzen. Schuldgefühle sind oft etwas, was man vor die tieferen Einsichten schiebt, und ich bemühe mich jetzt um die tieferen Einsichten. Wer war ich damals eigentlich? Es ist ein schreckliches

Entfremdungsgefühl, das mich überkommt, wenn ich das lese. Ich frage mich natürlich auch: Was hat mich da wieder herausgebracht? Diese Abhängigkeit... Ich war gefährdet. Wenn ich diese Sprache lese, die die Stasi-Leute anwenden, mit der sie mich charakterisieren, aber auch Dinge zitieren, die ich gesagt haben soll – das ist Stasi-Prosa, sagt Heiner Müller –, ja, aber ich weiß doch auch: So haben wir damals gesprochen. Ich muß einfach versuchen, noch mal in diesen Schacht hinunterzusteigen, und mir das angucken, mich selbst angucken und im einzelnen fragen, wie ist es dahin gekommen, auch, wie bin ich davon wieder weggekommen?

Ihrem Buch »Nachdenken über Christa T.«, öfter erwähnt in diesem Interview, haben Sie eine Frage von Johannes R. Becher vorangestellt. Die Frage lautet: »Was ist das: Dieses Zu-sich-selber-Kommen des Menschen?«
Sie haben hier begonnen, diese Frage zu beantworten. Ich frage noch nach: Was ist es, dieses Zu-sich-selber-Kommen? Und wie weit sind Sie schon zu sich selber gekommen?

Das kann ich, glaube ich, nicht beantworten, das letzte zumindest nicht, und es ist auch schwer zu definieren. Ich sage, wie es bei mir gegangen ist.

Ja, darum geht's. Zur Person Christa Wolf.

Bei mir ist es so gewesen, daß es immer über Krisen ging, zum Teil über existentielle Krisen. Zum Beispiel nach diesem 11. Plenum 1965 war ich sehr lange in einer tiefen Depression, in einem klinischen Sinn. Das war eine solche Kraftanstrengung, sich dort hinzustellen, daß danach einfach eine Art Einbruch kam. Das hat lange gedauert. Und dann hab ich mich hingesetzt und »Nachdenken über Christa T.« geschrieben und habe mich herausgearbeitet, sowohl aus der Depression als auch aus den Selbstzweifeln. Und so ist es jedesmal wieder gewesen. Ich bin immer durch Krisen durch, indem ich erkannt habe: Das will ich auf keinen Fall! Und dadurch auch erkannte, was ich wirklich will. Zum Beispiel

1976 nach der Biermann-Sache, bei der es dann wirklich darum ging, unter Druck zu einer Sache zu stehen. Danach habe ich Bücher geschrieben und Dinge gemacht, die ich sonst nicht hätte machen können. Das sind bei mir deutliche Etappen. Mein Leben verläuft nicht gleichmäßig. Es gibt ganz klare Brüche, bei denen ich sagen kann »davor« und »danach«. Und jedesmal »danach« war ich ein Stückchen weiter bei mir und habe das auch, glaube ich, in meinen Büchern zeigen können.
So ist es auch jetzt. Ich bin natürlich auch jetzt in einer Krise, und ich habe den Eindruck, daß sie mir dazu verhilft, mehr Freiheit zu gewinnen. Erstens bin ich natürlich erleichtert, ...

Worüber erleichtert?

... daß ich das nicht mehr verhehle, diesen Punkt, der mich natürlich bedrückt hat, diese Akte, daß ich jetzt ganz offen mit jedermann darüber sprechen kann.
Und zweitens habe ich das Gefühl einer größeren Freiheit, weil ich mich jetzt einfach fragen muß: Will ich mich auf die Demagogie einlassen? Will ich dieses Bild, daß die Öffentlichkeit jetzt von mir vermittelt bekommt, in mich hineinlassen? Ich wußte: Dann bin ich verloren. Oder kann ich, frage ich mich, indem ich meine ganze Lebensgeschichte zu Hilfe nehme – alles, was ich geschrieben, alles, was ich getan habe –, kann ich auf mir bestehen und von da aus weitergehen?

Haben Sie eine ungefähre Vorstellung, wie die Christa Wolf der nächsten Etappe beschaffen sein könnte?

Ja, eine Wunschvorstellung.

Wie sieht die aus?

Hautlos, sehr empfindlich.

Das kann kein Wunsch sein.

Nein, aber das ist nun mal so. Offen, sehr offen, anderen Leuten gegenüber toleranter und auch bescheidener. Auf irgendein hohes Roß werde ich mich bestimmt nicht setzen. Aber härter gegen mich werde ich sein, rücksichtsloser. Ich glaube, mehr weh tun kann nun nichts mehr. Ich muß den Schmerz jetzt nicht mehr vermeiden. Ich habe bemerkt, daß ich in der letzten Zeit nicht besonders gut schreiben konnte, und mir ist jetzt klar, warum. Ich habe diesen Schmerz vermeiden wollen. Und jetzt geht's wieder.

Sie schreiben?

Ja. Ich kann den Schmerz, die Scham, das alles kann ich mit hineinnehmen.

Ist Anpassung ein Menschenrecht?

Jetzt kommt Ihre Frage ...

Sie meinen, die ich in allen meinen Interviews stelle?

Schade. Ich hatte nämlich gehofft, Sie stellen mir die Frage, die Sie manchmal gestellt haben ...

... nach dem alten Adam und der alten Eva. Hat der alte Adam, hat die alte Eva ein Menschenrecht auf Anpassung?

Lieber Herr Gaus, der alte Adam und die alte Eva sind das erste patriarchalische Paar, und vor Eva hat Adam eine andere Frau gehabt, die Lilith, die Aufrührerin, die sich nicht angepaßt hat und die deshalb verteufelt und verhext wurde, und so ist es mit dem Anteil des Weiblichen im Patriarchat seitdem gegangen. Und da das Patriarchat bis heute in verstärktem Maße den Anteil des Weiblichen – im Mann natürlich auch – wegdrängt, unterdrückt, beiseite drängt, verhext und verteufelt, brauchen wir es allerdings, uns gegenseitig zuzugestehen, daß wir uns anpassen müssen, daß wir Nachsicht miteinander haben müssen. Es hat anscheinend vorher gesellschaftliche Zustände gegeben, viele, viele Jahrhunderte lang, in denen Menschen mehr beheimatet waren in der Gruppe, in der sie lebten. Aber das ist nun lange vorbei, und die Zustände, die wir heute haben, bedingen, daß wir uns gegenseitig etwas konzedieren und Nachsicht miteinander haben, weil ja die Pressionen, in denen wir stecken, ohne Anpassung für die meisten nicht auszuhalten wären.

Ist Anpassung ein Menschenrechtt, das Sie sich nicht zubilligen wollen? Auf das man, wenn man die Kraft hat und es die Sache wert ist, verzichten sollte?

Ich kann darauf nicht mit ja oder nein antworten.

Haben Sie sich angepaßt in Ihrem Leben?

Wenn ich merkte, daß ich mich anpaßte, dann war ich meistens schon soweit, daß ich damit aufhörte. Ich habe mich bestimmt angepaßt, streckenweise, das glaube ich schon. Aber eigentlich bin ich dann immer ausgebrochen aus der Anpassung. Ich habe es 1989 erlebt, daß Menschen, die sich so lange angepaßt hatten – auch andere, die sich nicht angepaßt hatten, daß die plötzlich ein anderes Gesicht bekamen und auf einmal zeigten, was in ihnen außer Anpassung noch ist, nämlich eine ganz große Sehnsucht nach einem erfüllten Leben. Und um das nebenbci zu sagen: Es ist natürlich eine Erfahrung, die mich sehr, sehr froh sein ließ, daß ich in der DDR geblieben bin und das miterleben konnte. Aber genau das hat mir auch gezeigt: Man soll Menschen nicht zu früh konzedieren, daß sie sich anpassen dürfen. Man soll ihnen auch zutrauen, daß sie, wenn's nicht mehr den Hals kostet, aus dieser Anpassung herauskommen.

Es geht ja nicht immer gleich um den Hals. Es geht um Arbeitsplätze, es geht um Abhängigkeit in vielerlei Gestalt, unterschiedlich in den Systemen, aber im Kern überall vorhanden, in jedem System. Ist das nicht so?

Ja.

Ist nicht die Gefahr der Intellektuellen, der Schriftsteller, der Politiker, ist nicht die Gefahr der politisch-intellektuellen Klasse – die Selbstgefährdung – die, daß sie ihre Bedürfnisse und Maßstäbe zu den Bedürfnissen und Maßstäben der Allgemeinheit macht, des hinfälligen, gebrechlichen, schwachen Menschen, Mann wie Frau? Ist diese Gefahr nicht groß?

Die Gefahr ist da.

Sind wir im Moment nicht schon wieder in dieser Gefahr gewesen, bei dem, was Sie gesagt haben?

Das glaube ich nicht. Weil ich wirklich ausgegangen bin von den Menschen, denen ich die Anpassung zugestehe, und zwar ehrlichen Herzens, und gerade jetzt zugestehe, wo sie um Arbeitsplätze bangen, denen ich aber einfach nicht diesen Funken absprechen will, der auch irgendwann einmal zünden kann.

Ich will keinem einen Funken absprechen. Ich will ihm nur eine Nische zugebilligt wissen, in die wir nicht hineinkommen mit unserer unterschiedlichen Agitation. Joachim Herrmann hat anders agiert als die »Frankfurter Allgemeine Zeitung« – Agitation ist beides.

Ja, die Nische gestehe ich ihm zu.

Agitation beider Organe auch?

Ja, sicher.

Was ist aus diesen Menschen, bei denen Sie in der Wendezeit das Bedürfnis erkannten, Subjekt zu sein, eine Person zu sein, die Selbstbestimmung besitzt, und nicht ein Objekt zu sein, über das man verfügt, was ist nach Ihren Erfahrungen und Eindrücken aus diesen Menschen geworden?

Unterschiedliches. Sie haben recht – wir sprachen vorhin schon davon –, der Anpassungsdruck ist sehr groß, und viele passen sich an. Es ist auch so, daß eine große Enttäuschung oder auch eine Trauer da ist.
Aber ich erfahre gerade jetzt auch etwas anderes. Es scheint doch so zu sein, daß dieser Appell, dieser Druck, das vergangene Leben bei der Gelegenheit gleich mit zu vergessen, daß der nicht mehr ganz so akzeptiert wird. Ich bekomme jetzt eine ganze Menge Briefe im Zusammenhang mit dieser verdammten Stasi-Akte, auch aus der ehemaligen DDR, und da gibt es sehr nachdenkliche Briefe, ich sehe da, daß die Leute – diese Leute, die mir schreiben, eine winzige Minderheit natürlich – offenbar bereit sind, doch auch wieder über sich selber nachzudenken, wenn sich solch ein Anlaß ergibt. Ich denke, das hat nichts mit DDR-Nostalgie zu tun, die ich schrecklich finden würde, sondern es hat damit zu tun, daß man eine Identität ja nur weiterentwickeln und eine neue erwerben kann, wenn man die alte nicht einfach wegwirft. Darauf hoffe ich ein bißchen.

Was ist Ihr Hauptvorwurf gegenüber der Mehrheit der Westdeutschen, oder sagen wir: gegenüber der Mehrheit der westdeutschen Öffentlichkeit seit der Wende? Was haben wir hauptsächlich falsch gemacht bei der Vereinigung?

Ich sagte vorhin schon, daß ich mich jetzt, gerade jetzt, sehr zurückhalte mit Vorwürfen. Ich habe überdies in den verschiedenen Phasen der letzten Jahre unterschiedliche Meinungen dazu gehabt. Was mir wirklich bedauerlich erscheint, sind zwei Dinge. Das eine ist, daß die Kenntnis des Lebens in der DDR nicht vorhanden ist. Das kann man niemandem vorwerfen. Wir sind uns gegenseitig ganz fremd. Das zweite ist, daß nicht versucht wird, das zunächst mal zu sehen, es zu akzeptieren und dann mit behutsamen Schritten einander kennenzulernen, sondern daß statt dessen – nicht überall, und ich will das wirklich nicht verallgemeinern, ich kenne so viele Westdeutsche, die jetzt bei uns unverzichtbar sind – viele, die uns eben nicht kennen und die die DDR nicht gekannt haben, eher mit Schuldzuweisungen oder mit Vorwürfen bei der Hand sind, so daß viele Leute in der ehemaligen DDR es so verstehen könnten, als ob sie tatsächlich ihr Leben verleugnen müßten. Und das ist auf die Dauer gefährlich. Was man ausgrenzt, wozu man nicht stehen kann, das kann man auch nicht durcharbeiten. Unter Tribunalbedingungen – das weiß ich nun von mir selbst – kann man nicht wirklich ehrlich werden. Das müßten wir aber werden.

Sie sind derzeit als Stipendiatin in Kalifornien, schreiben dort. In Interviews, die Sie in letzter Zeit gaben, haben Sie gesagt, daß Sie in Kalifornien Zeugnisse der Emigration gesehen hätten, Thomas Mann, Lion Feuchtwanger, die aus dem nationalsozialistischen Deutschland vertrieben wurden, und manche in Deutschland haben gedacht, Sie wollten Vergleiche ziehen zwischen dieser Emigration und Ihrem Dortsein jetzt als Stipendiatin. Wollen Sie dazu etwas sagen?

Das ist für mich ein schreckliches Mißverständnis, das mich mit am meisten bedrückt hat in den letzten Tagen, als ich gemerkt habe, daß dieses Mißverständnis aufgekommen ist. Ich habe dieses Fernsehinterview selbst ja nicht sehen können. Ich weiß nicht, ob da etwas geschnitten, ob es aus dem Zusammenhang gerissen wurde, oder ob ich mich mißverständlich ausgedrückt habe. Wie auch immer, von solcher Anmaßung, mich mit denen vergleichen oder gar mich mit ihnen gleichsetzen zu wollen, die aus Nazideutschland ausgegrenzt, rausgeworfen wurden, bin ich gerade jetzt nie ferner gewesen. Ich bin froh, daß ich das hier sagen kann. Es ist wirklich ein Mißverständnis.

Das sozialistische System – die sozialistische Idee vielleicht nicht –, aber das sozialistische System ist auf der Welt zugrunde gegangen, von kleinen Restposten abgesehen. Man kann sehen, daß das siegreiche System, das kapitalistische, das der freien Marktwirtschaft, neuartigen Problemen immer weniger gewachsen ist. Denken Sie, es wird irgendwann wieder auf etwas wie eine sozialistische Idee hinauslaufen?

Nein, das denke ich nicht. Ich erwarte kein Hinauslaufen auf irgendeine Idee oder Ideologie. Zu unseren Lebzeiten und auf eine gewisse Zeit sowieso nicht.

Auch auf ewig nicht? Sind Sie jetzt wieder bei der Hoffnung von 1945: Es hat sich etwas endgültig geändert. Es hat sich aber nie etwas endgültig geändert.

Nein, Sie sehen es nicht ganz richtig, wie ich das meine. Ich meine, es könnte sich vielleicht etwas ändern, nur würde das, wie ich es jetzt sehe, wahrscheinlich nicht wieder von einer Idee oder Ideologie ausgehen, was ich mir auch gar nicht wünschen würde, sondern das könnte eigentlich nur von unten kommen, aus den Verhältnissen der Leute und ihrem Ungenügen daran. Es könnte nur etwas Praktisches sein, vielleicht ganz klein anfangend, praktische Versuche, die das Miteinanderleben der Menschen betreffen, nach und nach vielleicht größeren Umfang annehmen könnten. Nur so kann ich das sehen.

Ist dies die Hoffnung, oder gibt es eine andere Hoffnung, die Sie nicht aufgegeben haben?

Ich habe manchmal wenig Hoffnung, aber ich kann mir immer noch nicht vorstellen, daß die jüngeren Menschen, die jetzt nachwachsen und die doch leben wollen, daß die nicht imstande sein sollen, dem zerstörerischen und selbstzerstörerischen Drang, der im Moment die Menschheit zu beherrschen scheint, in den Arm zu fallen. Natürlich ist das furchtbar schwer, weil das eine ganz grundlegende Änderung der Bedürfnisse bedeutet, der falschen Bedürfnisse, die jetzt auf falsche Weise befriedigt werden. Eine Änderung dieser Bedürfnisse hatte ich mir vom Sozialismus erhofft. Und genau das hat er ganz und gar nicht geleistet und nicht leisten können; er hat das Gegenteil getan. Die Frage ist, ob es irgendeine Chance gibt – von unten her, von zunächst kleinen Gruppen, und vielleicht ausgehend von der großen Gefahr, die dann die Menschen doch sehen mögen –, so etwas nach und nach zu tun. Das hängt sehr viel mit Verzicht zusammen.

Haben Sie Angst vor der Entwicklung in Deutschland?

Angst nicht, aber ich habe große Sorge.

Erlauben Sie mir eine letzte Frage. Gelingt Ihnen, bisher jedenfalls, das Älterwerden?

Manchmal ja, manchmal weniger. Im Moment bin ich in so einer aufgewühlten Situation – ich hab das nicht erwartet, daß ich in meinem Alter noch einmal so von Grund auf erschüttert würde. Und das verjüngt ja vielleicht auch, insofern, als man sich selbst noch einmal ganz in Frage stellt, wie es sonst vielleicht nur jüngere Menschen tun. Aber Angst habe ich vorm Älterwerden nicht. Ich freue mich auf das Größerwerden meiner Enkelkinder.

25. Februar 1993